가야의 하타 씨와
일본의 겐지 무사

가야의 / 하타 씨와
일본의 / 겐지 무사

최경진 지음

한국학술정보

· 시작하면서 ·

일본에서 가장 오래된 역사서인 『일본서기』에 따르면, 하타 씨(秦氏)가 가야에서 일본으로 이주한 것은 서기 285년으로 알려져 있다. 그 후 약 1800년의 세월이 흐르는 동안, 하타 씨족은 일본의 경제, 문화, 종교에 큰 영향을 끼치며 일본 고대의 최고 명문 씨족으로 자리 잡았다.

일본에서는 이 씨족에 대한 연구가 활발히 이루어져 많은 성과가 있었지만, 한국에서는 그렇지 않다. 이 책은 일본으로 이주한 하타 씨족의 역사와 생활을 추적한 탐구서이다.

이 책의 두 가지 집필 목적은 첫 번째, 한반도에서 일본으로 건너간 이주민들의 역사적 역할과 중요성을 알리고, 이들에 대한 잘못된 평가를 바로잡는 것이다. 두 번째, 일본 역사상 가장 위대한 겐지(源氏: 이 한자를 음으로 읽으면 겐지, 뜻으로 읽으면 미나모토라고 한다) 가문의 무사들이 한반도 이주민과 관련 있는 신들 앞에서 성인식을 치른 배경과 이유를 알아보고자 한다.

맑은 날, 부산의 태종대에서 동쪽 먼 바다를 바라보면 대마도가 보인다. 부산항에서 후쿠오카까지는 직선거리 약 210km로, 이 거리라면 서울에서 김천까지의 거리이다. 이처럼 가까운 두 나라는 오랜 옛날부터 서로 교류하며 영향을 주고받았다.

엔진과 같은 동력이 없던 옛날에는 한반도에서 배를 타고 해류를 따라 바다를 건너면 일본의 세 지역에 도착할 수 있었다. 남해안에서 출발하면 규슈에 도착하거나, 북규슈를 거쳐 세토나이해(瀬戸内海)를 따라 오사카에 상륙한 후, 교토나 나라로 들어갈 수 있었고, 동해 남부나 동해안에서 떠나면 이즈모(出雲)와 츠루가 만(敦賀湾)을 거쳐 시가현에 도착할 수 있었다.

규슈에는 한반도의 남해안을 떠난 하타 씨(秦氏)가 있었고, 나라 부근에는 경남 양산을 떠난 백성이 자리 잡았다. 시가현에서도 비파호(琵琶湖)를 중심으로 동해안 출신의 이주민들이 모여 살고 있었다.

특히 가야에서 일본으로 건너온 하타 씨는 초기에는 강가, 광산, 염전, 농장 등에서 힘들게 일했다. 이들은 제방공사, 광산 등에 동원되며 작업장 근처에 반드시라고 할 정도로 자신들의 이름을 딴 마을을 지었고, 그 지명은 지금도 일본의 행정구역명으로 쓰이고 있다.

이주 초기의 시련을 이겨낸 하타 씨는 700년경에 이르러서는 일본의 주요 지역에 거주하며 경제적 부를 축적하였다. 그들의 강력한 경제력은 일본의 수도였던 교토의 궁궐 건설에 큰 도움이 되었다. 심지어 교토 헤이안쿄(平安京)의 정전인 태극전은 하타 씨의 선조인 하타 가와카츠(秦川勝)의 집터 위에 세워졌다. 또한 하타 씨는 교토의 후시미 이나리 대사(伏見稲荷大社)와 마츠오 대사(松尾大社)를 창건하여 일본의 신앙에도 큰 영향을 끼쳤다. 특히 이나리 대사는 일본 전국에 가장 많은 분사(分社)를 두고 있다.

하타 씨에서 시작된 가문은 일본에서 44개의 성씨로 확산되어 갔다. 그

가야의 하타 씨와 일본의 겐지 무사

중 하나가 시마즈 씨(島津氏)로, 이 씨족은 지금의 가고시마현인 사츠마 번(薩摩藩)을 700년간 지배했고, 메이지 유신 성공에도 큰 역할을 했다.

이처럼 하타 씨는 고대에서 현대에 이르기까지 일본 역사의 한 부분이었고, 경제, 문화, 종교에 큰 영향을 미친 명문 씨족이었다. 그런데 이들에 대한 일본의 역사적 평가는 생산량과 재산을 늘리고 세금을 납부하기 위해 출신이 다른 이주민을 모아 만든 '식산적(殖産的)' 씨족으로 보고 있다. 이런 역사적 평가와 인식은 사실과 맞지 않으며, 이런 상황을 우리 스스로 방관하거나, 인용의 근거로 삼아서는 안 된다.

1185년에 미나모토노 요리토모(源賴朝)가 지금의 가나가와현에 가마쿠라 막부(鎌倉幕府)를 창설했다. 이후 1868년 메이지 유신이 일어나기 전까지 약 700년 동안 일본은 천황이 존재했지만 실질적으로는 무사들이 권력을 쥐고 나라를 다스렸다. 메이지 유신 이후로는 무사들이 사라지고 천황을 중심으로 한 근대국가가 형성되었다.

막부(幕府)는 '전쟁터에서 대장군이 머무는 천막'이라는 뜻에서 유래한 일본의 무사 정권을 말하며, 약 700년간 일본의 역사를 주도했다. 일본에는 총 3개의 막부가 존재했는데, 가마쿠라 막부, 무로마치 막부, 에도 막부가 그것이다. 이 중 가마쿠라 막부와 무로마치 막부는 미나모토 씨(源氏)라는 가문이 세웠다. 이 가문은 700년 무사 정권 중에서 약 400년 동안 일본을 지배했다. 에도 막부를 세운 도쿠가와 이에야스도 스스로 미나모토 가문의 일원이라고 주장할 정도로 일본 최고의 무사 가문으로 꼽힌다.

가마쿠라 막부를 세운 미나모토노 요리토모와 무로마치 막부를 세운 아시카가 타카우지(미나모토 가문)의 선조 중에 미나모토노 요시이에(源義家)라는 뛰어난 무사가 있었다. 겐지 가문을 일으켜 세운 인물로 평가받고 있는 요시이에는 문무를 모두 갖춘 뛰어난 무사로, 그에게는 요시츠나(義綱), 요시미츠(義光)의 두 동생이 있었다.

삼 형제는 교토에 있는 야와타 신(八幡神), 가모명신(賀茂明神), 그리고 시가현에 있는 신라명신(新羅明神)이라는 세 신 앞에서 각각 성인식을 올렸다. 이 성인식을 통해 소년이 전사로 인정받고, 사회적 지위와 책임을 갖게 되었다. 성인식을 마친 후에는 이름을 바꾸고, 새로운 이름으로 불리게 되는데, 이들은 성인식에서 신의 이름을 따와 각각 하치만타로(八幡太郎), 가모지로(賀茂次郎), 신라사부로(新羅三朗)라는 이름(통칭)을 갖게 되었다. 특히 셋째인 요시미츠는 성인식 이후에 신라겐지(新羅源氏)로 불렸고, 그의 후손인 오가사와라(小笠原) 가문은 요시미츠가 죽은 후 350년 동안 신라명신 앞에서 성인식을 올리는 전통을 유지했다.

그런데 이 삼 형제가 성인식을 올린 신사와 절은 한반도에서 온 이주민들과 관련이 있으며, 성인식을 올린 신들은 일본에서 이주민들이 모여 살던 지역에서 숭배되던 신들이었다.

규슈에는 장남인 요시이에가 성인식을 올린 야와타 신의 본궁인 우사하치만 궁(宇佐八幡宮)이 있다. 이곳의 신인 야와타 신의 원형은 낙동강 유역에서 떠난 하타 씨(秦氏) 일족이 모시던 신이다.

차남인 요시츠나의 신인 교토 시모가모 신사의 가모명신은 경남 양산의 백성과 관련이 있다. 일찍이 포로가 되어 나라현의 가츠라기 고세(葛城

御所)로 끌려간 사람들이다.

삼남인 요시미츠의 신은 시가현 오츠시의 원성사(園城寺)에 모셔져 있는 신라명신이다. 이 지역은 한반도 동해안 출신의 이주민이 많이 살아 '도래인의 왕국'이라고 불렸고, 이들이 신라명신을 모셨다.

이처럼 일본 권력의 한 축으로 700년 무사 정권의 문을 연 겐지 무사 가문이 한반도의 신들 앞에서 성인식을 올린 이유는 무엇일까? 그 중심에는 가야를 떠나 일본에 정착한 하타 씨가 자리 잡고 있다.

하타 씨는 고대 일본의 신도시 건설에 필요한 치수(治水) 작업과 철을 제공하는 역할을 통해 부를 축적해 나갔다. 특히 효고현 타다 은광(多田銀山)에서 오랫동안 집단 거주지를 이루고 살았던 하타 씨는 여기에서 겐지 무사 가문의 창시자인 미나모토노 미츠나카(源滿仲)와 접점을 가진 것으로 추측된다. 이 책에서는 이 두 씨족 간의 연대를 집중적으로 추적하며, 역사적 자료의 한계 속에서도 여러 정황을 바탕으로 한반도의 신과 겐지 무사와의 관계를 찾으려고 노력하였다.

이 책을 출판할 수 있도록 도와준 나의 사랑하는 아내 이은영, 언제나 따뜻한 격려를 해준 누나 최혜원, 그리고 소중한 조언을 해준 이항영, 조우형, 고영일, 인찬호, 성종훈 학우에게 깊은 감사를 드린다. 아울러 지난 30여 년간 교육자로서 후세를 위해 바친 그들의 희생과 봉사에 깊고 뜨거운 감사를 드린다.

8 겐지 무사의 성인식과 한반도의 신

1

일본서기에 대해서

– 일본에서 가장 오래된 역사서인 『일본서기』

이 책에서는 한반도에서 일본으로 건너간 고대 이주민들의 삶과 역사의 흔적을 살펴보기 위해 주로 일본의 역사서와 고문서를 참고할 것이다. 그러나, 일부 자료에서는 의문이 들거나 신뢰성이 떨어지는 부분도 있을 수 있다.

예를 들어, 일본 14대 천황인 중애 천황(仲哀天皇)의 왕비 신공 황후(神功皇后)가 아들 오진 천황을 임신한 상태로 복대를 두르고 삼한을 두 번 정복했다는 기록이 『일본서기』에 나온다. 그러나 이에 대해 많은 역사학자들이 허구라 한다. 또한 박제상이 신라의 왕자를 구하러 갔을 때, 이와 유사한 사건이 『일본서기』에도 기록되어 있으나, 한일 간의 발생 연도가 200년의 차가 난다. 그리고 시모노세키시에 있는 이미노미야 신사(忌宮神社) 기념비에는 한반도 가야에서 이주해 온 사람들을 '중국인'이라 기록하고, 북규슈에 집단 거주지를 형성하고 있던 가야의 이주민 하타(秦) 씨족을 화하인(華夏人: 중국 한족)의 집단이라 부르고 있다.

한편, 일본 역사서에는 나와 있으나 우리 역사서에는 전혀 기록되어 있지 않는 경우도 있다. 텐치 천황(天智天皇)이 백제를 구하기 위해 663년에 170여 척의 배와 5만 명의 군사를 충남 금강 하구에 보냈다는 기록은 우리에게 낯설다. 신라 태종 무열왕 김춘추가 인질로 일본에 머물렀다는 기록도 우리는 배운 바가 없다. 이처럼 2000년 전의 사건을 기록하고 있기 때문에 기록의 신빙성에 의문을 가질 수 있다.

이런 기록들은 현대적인 관점에서 보면 믿기 어렵거나, 비과학적이거나 부적절하다고 생각될 수 있다. 또는 우리의 기록과 비교해 보면 이런 내용에 대해 다른 견해를 제시하거나, 일부 사실과 다르다고 반박할 수도 있다. 따라서 일본의 기록서에 대한 이해가 필요하며, 이를 위해 일본에서 가장 오래된 역사서인 『일본서기』의 특징과 성격에 대해 먼저 설명한 다음에 한반도 이주민에 대한 이야기를 시작하겠다.

일본에는 720년부터 901년 사이에 국가 사업으로 편찬한 6개의 역사서가 전해지고 있다.

720년 『일본서기』, 797년 『속일본기』, 818년 『일본후기』, 859년 『속일본후기』, 887년 『일본문덕천황실록』, 그리고 901년에 『일본삼대실록』이 편찬되었다. 이 6개의 역사서를 육국사(六國史)라 부르고, 이 중에서 가장 오래된 역사서가 『일본서기』이다.

『일본서기』는 681년 덴무 천황(天武天皇)이 편찬을 명하고, 720년 손녀인 겐쇼 천황(元正天皇) 때 완성된 역사서이다. 야마토 조정이 국가적 사업으로 펴낸 정식 역사서로, 이전의 역사서가 전해지지 않아 일본의 가장 오래된 역사서로 자리 잡고 있다.

712년에 비슷한 내용의 『고사기(古事記)』가 이미 편찬되었으나 두 책의 성격이 서로 다르다. 『고사기』는 신화나 전승을 중요하게 다루고, 천황가의 정통성을 강조하고 있지만, 『일본서기』는 역사를 연대순으로 기록했고 천황가의 신화나 일화를 대부분 생략했다. 또 백제, 신라, 고구려, 중국의 문헌도 참고해서 『고사기』에 비해 사실을 기록하는 데 힘썼다.

『일본서기』는 일본 역사 기록의 시작이며, 오늘날 모든 인용과 근거의 기준이 되고 있다. 하지만 당시 정치 상황, 이념, 편찬자의 의도에 따라 사실과 다르게 기록된 부분이 있기 때문에 모든 내용을 다 믿을 수는 없다.

그럼에도 불구하고 일본의 역사서를 바탕으로 살펴보아야 하는 이유는, 우리나라에는 일본으로 건너간 한반도 이주민들에 대한 기록이 드물기 때문이다. 반면에 일본의 역사서에는 이들의 기록이 풍부하게 나와 있다. 이것은 그들이 오랫동안 일본에서 생활했기 때문이다.

예를 들어, 야와타 신을 모신 한반도 이주민인 하타 씨에 대한 기록은 『일본서기』를 비롯한 6개의 역사서에 풍부히 실려 있다. 여기에는 283년 하타 씨의 선조로 추정되는 궁월군(弓月君)과 그의 백성들을 시작으로 하타 씨 자손들의 이야기가 많이 담겨 있다.

일본의 역사서에는 하타 씨가 가라(가야)에서 건너왔다고 기록하고 있다. 하지만 안타깝게도 우리나라에는 그들의 출신지에 대한 근거나 자료가 없다. 그래서 우리가 일본의 역사서에 의지해서 연구를 진행해야 하는 이유가 바로 여기에 있다.

일본서기(이미지 출처: 일본 국립국회도서관 디지털콜렉션)

– 왜 일본에는 『일본서기』 이전의 역사서가 없을까?

그 이유는 교코쿠(皇極) 천황 시절인 645년 6월 14일에 일어난 을사의 변(乙巳の変)에서 찾을 수 있다.

『일본서기』의 기록에 따르면, 궁중 제사를 맡고 있던 나카토미 카마타리(中臣鎌足)는 당시 권세가 소가 이루카(蘇我入鹿)의 천황을 뛰어넘는 행동에 불만을 가지고 있었다. 나카토미는 소가 이루카를 없애기 위해 호시탐탐 기회를 노리며 협력자를 찾고 있었고, 천황의 남동생인 가루 왕자에게 접근해 보았으나 속내를 드러내지 않는 그에게 실망했다. 다음으로 눈에 띈 사람이 천황의 아들 나카오에(中大兄) 왕자였고, 친해질 기회를 엿보던 나카토미는 왕자가 참가하는 궁중 내 격구 시합에 끼어들었다. 시합 중 왕자의 가죽신이 벗겨지자 얼른 주워 무릎을 꿇고 두 손으로 갖다 바쳤고 이를 기회로 둘은 친해졌다. 나카오에 왕자 또한 어머니 교코쿠 천황을 무시하고 마음대로 행동하는 이루카가 마음에 들지 않았다. 두 사람은 이루카를 없애기로 마음먹고 암살 계획을 세웠다.

비가 억세게 내리던 날, 나카오에 왕자는 신라, 백제, 고구려 사신이 천황에게 인사를 올린다 하여 이루카의 참석을 권했다. 의심이 많은 그는 칼을 지니고 입궐했으나, 미리 짜 놓은 광대의 우스갯소리에 스스로 칼을 버렸고, 틈을 노린 왕자는 이루카의 머리를 칼로 내리쳤다. 깜짝 놀란 이루카가 벌떡 일어서자 곁에 있던 무사가 그의 한쪽 무릎을 베었고, 이루카가 "천황의 자리는 왕자에게 이어지는 것을, 왕자도 아닌 나에게 무엇 때문에

가야의 하타 씨와 일본의 겐지 무사

이러는가?"라고 소리쳤다. 놀란 천황이 "이것이 도대체 무슨 일이냐?"라고 물었고, 왕자는 "이루카는 왕위를 이을 모든 왕자를 죽이고, 자신이 천황이 되려고 합니다"라고 대답하자 어머니인 교코쿠 천황은 말없이 방을 나갔다. 이때 곁에 있던 무사들이 이루카의 목을 내리쳤고, 이루카의 목은 데굴데굴 굴러 땅에 떨어졌다. 억수같이 쏟아지는 빗속에 이루카의 시체는 떨어져 나간 문짝으로 덮여 있었다.

이 살인 사건을 목격한 왕자들 중, 가장 나이가 많은 후루히토 왕자는 너무 놀라 자신의 집으로 뛰어 들어가며 이렇게 외쳤다. "한인(韓人)이 이루카를 죽였다. 마음이 너무 아프다(韓人殺鞍作臣 吾心痛矣)."

그런데 이 후루히토 왕자의 외침은 아직도 그 의미를 알 수 없다. 많은 연구자들은 "심각한 한반도 정세가 이루카를 죽였다"는 의미로 풀이한다. 618년 건국한 당나라는 한반도에 영향력을 끼치기 시작했고, 두려움을 느낀 일본은 새로운 외교 전략을 찾았다. 나카오에 왕자는 오래전부터 백제를 중요하게 생각했고, 이루카는 백제에서 벗어나 당, 신라, 고구려와 손을

을사의 변(이미지 출처: 談山神社 『多武峰縁起絵巻』)

잡아야 한다고 주장했다. 결국은 한반도 외교 전략의 의견 차이 때문에 이루카가 살해되었다는 풀이인데, 그 진정한 뜻은 아직도 알 수 없다. 또 다른 해석은 당시의 무사들이 한인 복장을 하고 있었기 때문이라는 것이다. 혹은 그들이 실제로 한인 출신이었을 수도 있다.

아들의 죽음을 안 소가 에미시는 사태를 깨닫고 스스로 집에 불을 질러 타 죽었다. 이때 에미시가 소장하고 있던 천황가의 기록, 나라의 역사, 그리고 많은 서적이 잿더미로 변했는데, 이것이 일본 고대 기록의 상실로 이어졌다.

– 신라 태종 무열왕 김춘추와 덴치 천황(天智天皇)

나카오에 왕자는 나중에 덴치 천황이 되는데, 그와 나카토미의 만남은 신라의 김춘추와 김유신의 만남과 비슷한 점이 있다.

김유신은 가야 왕족 출신으로, 보희와 문희라는 두 명의 여동생이 있었다. 그는 신라의 성골인 김춘추와 결혼시키기 위해 일을 꾸몄다. 김유신은 김춘추와 함께 공차기를 하다가 일부러 김춘추의 옷고름을 찢었고, 이를 계기로 김춘추와 문희가 만나게 되었다. 이후 두 사람은 부부가 되었고, 김춘추는 신라의 29대 왕인 태종 무열왕이 되었다.

나카토미 역시 공차기를 통해 나카오에 왕자에게 접근했고, 나카오에 왕자는 일본의 38대 덴치 천황이 되었다. 그리고 네 사람은 비슷한 시기에 태어났는데, 나카오에 왕자가 626년, 나카토미 614년, 그리고 김춘추 602년, 김유신이 595년에 태어났다. 이 네 사람은 20년간 유대 관계를 가지고 있었던 것으로 보인다.

그리고 흥미로운 사실은 645년에 소가 에미시 살인 사건이 일어나고 2년 후인 647년에 김춘추가 인질로 일본에 머물렀다고 『일본서기』는 기록하고 있다. 김춘추에 대해 "용모가 아름답고, 쾌활하게 담소하였다(春秋美姿顔 善談笑)"라고 묘사했다. 또 668년 9월 26일에는 나카토미가 대각간 김유신에게 배 한 척을 선물했다는 기록도 있다.

이렇게 『일본서기』에는 네 사람의 만남과 교류가 자세히 기록되어 있다. 그래서 후루히토 왕자가 "한인이 이루카를 죽였다"라고 외친 것이 그저 단순한 일이 아니라, 그 당시의 복잡한 상황과 관련이 있다는 것을 알 수 있다.

『일본서기』는 일본의 고대 국가가 어떻게 형성되고 발전했는지, 또 한국과 일본이 옛날에 서로 교류하고 갈등했는지를 알려주는 중요한 자료이다. 하지만 김춘추와 김유신의 예에서 보듯 우리가 몰랐던 사건이나 사실과 다르게 기록된 부분도 있다. 일본으로 건너간 한반도 사람들에 대한 기록도 일본은 가지고 있지만 우리는 거의 없다. 그래서 우리는 이 책들의 기록에 의존할 수밖에 없다.

이런 상황에서 역사의 왜곡이 일어날 수 있다. 그러므로 우리나라와 일본의 역사를 올바르게 이해하기 위해서는 양국의 역사서를 비교하며 사실을 파악하는 노력이 필요하다. 일본의 역사 기록을 부정하거나 분노하는 것은 잠시 미루어 두고, 서로의 기록을 비교하며 조심스럽게 읽는 것이 현명한 접근 방법이라고 생각한다.

2

고대 한일 간의
바닷길

한반도와 일본 열도는 지리적으로 매우 가깝다. 부산에서 대마도까지는 49.5km밖에 되지 않고, 날씨가 좋은 날에는 부산 태종대에서 대마도를 볼 수 있다. 세종대왕 시대에는 부산 다대포의 높은 곳에서 대마도에서 피어 오르는 연기와 불빛을 볼 수 있었다고 한다. 또한 거제도의 가라산에서는 대마도가 뚜렷하게 보였다고 한다. 대마도는 일본에서 가장 가까운 이키섬과 약 68km, 이키섬에서 규슈 하카타까지는 약 76km 떨어져 있다. 이렇게 지리적으로 가까운 두 나라는 예로부터 왕래가 많았다.

고대 한국과 일본인들은 다양한 이유로 한반도와 일본 열도를 오고 갔다. 양국의 사절단이 교류하거나, 정치적 이유나 전쟁으로 인해 서로 침략하기도 했다. 또한, 어부들이 해류에 휩쓸려 일본으로 가거나, 새로운 터전을 찾아 이주하기도 했다.

고대에는 동력이 없었기 때문에, 해류가 고대인들이 두 나라 사이를 오가는 데 가장 큰 영향을 미쳤다. 바람도 항해에 중요한 역할을 했지만, 해류는 두 나라 사이의 바닷길을 결정하는 중요한 요인이었다.

먼저 한반도의 해류를 살펴보면, 한반도 주변에는 북쪽에서 내려오는 리만해류, 태평양에서 올라오는 구로시오해류, 대마해류, 동한난류 등이 흐른다. 이 중에서 동한난류는 한반도와 일본 열도를 연결하는 해류로, 고대인들이 양국을 오가는 데 이용했다.

이 해류를 이용한 양국 간의 역사적 사건과 기록들을 살펴보자.

– 거제도(부산)→규슈의 항로

• **부산(거제도)→대마도→규슈의 하카타, 혹은 가라츠**

부산, 거제도에서 북규슈로 가는 길(이미지 출처: 국토정보플랫폼)

이 바닷길은 한일 간 가장 짧은 항로로, 역사적으로도 많이 사용된 항로이다. 이 바닷길은 지리적으로 한반도와 일본 열도를 연결하고 있으며, 해류와 바람 등의 자연 조건이 항해에 유리하여, 고대부터 많은 사람들이 이바닷길을 이용해 양국을 오갔다.

부산이나 낙동강 유역을 출발하여 강과 바다가 합쳐지는 부산 다대포에 도착한 다음, 오른쪽으로 방향을 틀어 30km 앞의 거제도를 향해 나아

가야의 하타 씨와 일본의 겐지 무사

간다. 거제도 앞바다에서 해류를 타고 80여 킬로미터 떨어져 있는 대마도를 눈으로 가늠하면서 항해한다. 다음은 대마도에서 이키섬을 거쳐 규슈의 하카타나 가라츠에 상륙한다. 이 항로를 통해 이루어진 역사적인 사건으로는 여몽 연합군의 일본 정벌이 있다.

여몽 연합군의 일본 침략(이미지 출처: 국토정보플랫폼)

1274년 10월 3일, 고려와 몽고 연합군은 마산 합포를 출발하여 대마도와 이키섬을 점령하고, 가라츠를 거쳐 하카타로 진격하여 승리하였다. 그런데 밤중에 폭풍우가 일어나서 적지 않은 전함이 파손되거나 침몰하면서 병력의 40%를 잃고 11월 27일에 귀국하였다. 일본은 이 폭풍우를 가미카제(神風)라 불렀다.

반대로 일본은 이 항로를 역으로 이용하여 임진왜란을 일으켰다.

도요토미 히데요시의 명령에 따라 1592년(선조 25년) 규슈의 가라츠를 떠나 3월 23일부터 대마도에 대기하던 일본군은 4월 12일 오전 8시에 출발하여 오후 2시에 부산 앞바다에 도착하여 초량 부산진성에서 첫 전투가 벌어졌다.

임진왜란 때 일본군의 침략 항로(이미지 출처: 국토정보플랫폼)

여기에서 여몽 연합군의 출발지는 마산 합포인데, 일본군의 도착지는 마산 합포가 아니고 부산이다. 여몽 연합군의 경우, 동력이 없고 지형을 이용하여 항해하던 시절이었기 때문에 부산에서 규슈까지 바로 횡단할 수 없었다. 그 이유는 태평양에서 북진하는 대마난류의 영향으로 거제도 쪽으로 배가 밀려나기 때문이다. 배의 성능과 항해술이 발달하기 전까지 모든 배는 대마도가 가장 잘 보이는 거제도에서 일본으로 향했으므로, 여몽 연합군도 거제도와 가까운 마산 합포에서 출발하였다.

반대로 일본 규슈의 가라츠를 출발한 일본군은 일단 대마도에서 물때

가야의 하타 씨와 일본의 겐지 무사

를 기다려 동풍을 받아 대마난류를 타고 순식간에 부산에 도착할 수 있었다. 일본군은 대마도를 아침 8시에 출발하여 4시간 만에 부산 앞바다에 도착, 지금의 절영도(영도) 수비대를 깜짝 놀라게 하였다.

– 부산–오사카 항로

- 남해안→대마도→북부 규슈→세토나이해→오사카→나라 가츠라기

부산–오사카 항로(이미지 출처: 국토정보플랫폼)

한반도의 남해안(부산. 거제도)에서 출발하여 대마도와 북부 규슈를 거쳐 관문 해협(関門海峽)으로 나아간다. 관문 해협의 물살이 빠를 때는 북규슈에 먼저 상륙한 뒤, 육지를 지나 세토나이해로 가거나, 바로 관문 해협으로 들어가서 세토나이해로 나가기도 한다. 450km에 이르는 세토나이해를 거쳐 드디어 오사카에 상륙한다. 상륙 후 내륙으로 더 들어갈 경우, 우지가와강(宇治川)→기즈가와강(木津川)을 거쳐 나라현의 가츠라기 고세(葛城御所)로 들어갔다.

가야의 하타 씨와 일본의 겐지 무사

이 항로를 이용한 것이 수(隋)나라의 일본 사절단이다.

수나라 배청의 일본 방문도(이미지 출처: 국토정보플랫폼)

636년에 펴낸 중국의 역사서인『수서』에는 중국에서 일본에 배청(裴清)
이라는 사신을 보낸 기록이 있다. 이 사신은 백제를 거쳐서 진도나 부산
영도일 수도 있는 죽도, 대마도를 지나 일본의 하카타에 내렸다. 이후 동
쪽으로 나아가 여러 지역을 거쳐 바닷가에 도착한 후, 다시 배를 이용하
여 나라(奈良) 쪽으로 떠났다. 바다를 통해 바로 나라로 가지 않고, 하카타
에 상륙한 후, 규슈의 여러 지역을 거쳐 다시 바다로 빠져나가 나라로 떠
난 이유는 관문 해협의 물살이 너무 세서 당시의 배로는 무사히 빠져나가
기 어려웠기 때문일 것으로 추측된다.

부산과 일본을 잇는 이 뱃길은 지금도 여전히 사용되고 있는데, 부산
에서 일본의 하카타나 시모노세키, 오사카로 가는 정기선이 운항되고 있
다. 그리고 조선시대에는 조선 통신사가 이 길을 따라 일본에 가기도 했다.

2000년 전부터 사용하던 길이 지금도 똑같이 사용되고 있다는 사실은 시간을 초월한 역사의 연속성을 보여주는 듯하다.

조선 통신사의 길(이미지 출처: 국토정보플랫폼)

가야의 하타 씨와 일본의 겐지 무사

- 울진, 포항-츠루가(敦賀) 항로

울진, 포항에서 출발하여 일본의 츠루가에 상륙하는 항로를 살펴보자.

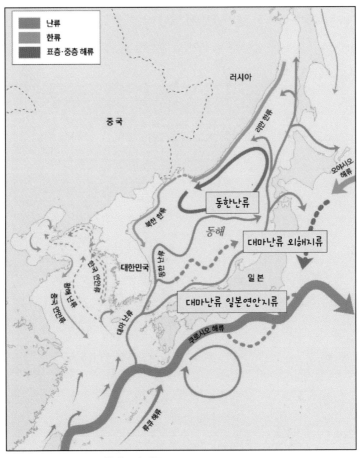

한반도의 해류(이미지 출처: 국토지리정보원)

이 바닷길에서 가장 큰 영향을 끼치는 것이 대마난류 외해지류이다.

태평양에서 들어온 대마난류가 대마도에서 3개의 해류로 나누어진다. 먼저 일본의 동쪽 연안을 따라 올라가는 대마난류 일본연안지류, 그리고 대마도 부근에서 한반도 동해안을 따라 북상하는 동한난류이다. 이 동한난류는 동해안의 속초 부근에서 북쪽에서 내려오는 북한한류와 부딪혀 동쪽으로 방향을 바꾼다. 대마난류 일본연안지류와 동한난류의 가운데에 대마난류 외해지류(그림에서 점선 부분)가 있다. 이 해류는 동해안으로 북상하다가 울릉도 부근에서 방향을 바꾸어 유턴하여 독도를 따라 일본의 대마난류 일본연안지류와 합류한다.

- 울진↳오키섬→시마네, 이즈모→츠루가→비파호

『삼국유사』의 「연오랑세오녀」를 보면, 157년 신라 아달라왕 때에 연오

동해안 포항(연오랑과 세오녀)**―츠루가 비파호 항로**(이미지 출처: 국토정보플랫폼)

가야의 하타 씨와 일본의 겐지 무사

랑이 영일만에서 배를 타고 가다가 표류하여 해류를 따라 자연스럽게 이즈모에 도착한 이야기가 실려 있다. 여기에서 북쪽으로 올라가는 대마해류를 타고 동해의 츠루가 만에 상륙한다. 상륙 후 15km 정도 지나 일본 최대의 호수인 비파호에 이른다. 이 주변은 지리상 울산과 포항의 위도와 비슷하여 예로부터 한반도 동해안 출신 이주민이 이 지역으로 많이 들어와 '도래인의 왕국'이라 불렀다.

– 서부 남해안→제주도→규슈 북서부 아리아케 만(有明湾) 항로

서부 남해안에서 규슈 북서부 바닷길(이미지 출처: 국토정보플랫폼)

　서부 남해안은 목포, 영산강, 섬진강 유역 등을 포함하는 지역으로, 해안선이 복잡하고 섬이 많아 해상 교통이 발달하기에 좋은 조건을 갖추고 있다.

　일본 규슈 북서부에 위치한 아리아케 만은 한국의 서부 남해안과 제주도를 거쳐 이동한 해양 생물들이 마지막으로 도착하는 곳이다. 그래서 이 지역은 한국의 서부 남해안 지역에 살던 사람들이 배를 타고 자연스럽게 도착할 수 있는 곳이기도 했다.

가야의 하타 씨와 일본의 겐지 무사

목포나 영산강 유역을 떠나 제주도를 오른쪽으로 보며 아리아케 만에 상륙하여 기쿠치강(菊池川)을 거슬러 올라간다. 아리아케 만 입구에서 직선 거리로 약 13km 상류 쪽으로 올라간 구마모토현 다마나군(熊本県玉名郡)에 는 에타후나야마 고분(江田船山古墳)이 있는데, 이곳에서 백제의 유물들이 많이 발견되었다.

3

일본으로 건너간
가야의 하타 씨(秦氏)

한일 간의 여러 바닷길을 통해 많은 사람들이 이동하게 되었고, 그중에서도 낙동강 유역 출신으로 추정되는 하타 씨는 일본으로 이주하여 일본의 역사와 문화에 큰 영향을 미쳤다. 이제부터 하타 씨의 역사적 궤적을 따라가며 그들의 삶과 문화를 알아보자.

낙동강을 떠나 일본으로 이주한 하타 씨는 점차 인구가 늘어나 8세기경에는 일본의 전국으로 퍼져나갔다. 그중에서도 규슈와 교토 부근에 많이 살았는데, 규슈에 모여 살았던 하타 씨를 부젠(豊前) 하타 씨, 교토 부근의 하타 씨를 기내(畿內) 하타 씨라 불렀다. 부젠은 지금의 후쿠오카현 동부와 오이타현 북부를, 기내는 교토를 중심으로 한 오사카, 나라 부근의 지역을 말한다. 교토와 북규슈의 거리는 약 400km 정도이다.

부젠 하타 씨와 기내 하타 씨(이미지 출처: 국토정보플랫폼)

규슈의 부젠 하타 씨가 나라로 이동해 기내 하타 씨가 된 것인지는 정확히 알기 어렵지만, 이들이 서로 관련이 있는 것은 틀림없다. 예를 들면 북규슈의 앞바다인 현계탄(현해탄)을 지키는 이치키시마노 히메라는 여신이 기내 하타 씨가 세운 교토 마츠오 대사의 신으로 모셔져 있다. 또 북규슈시 야와타구 히가시 가와치(北九州市八幡東区河内) 마을의 '가와치(河内)'와 오사카를 가리키는 '가와치국(河内国)'은 같은 이름이다. 그리고 규슈 가와치 마을 부근의 산 이름이 금강산(金剛山)인데, 나라에도 같은 이름의 금강산이 있다.

– 시모노세키 지역의 한반도 이주민

부산-규슈 항로는 한국과 일본을 잇는 가장 가까운 항로로, 2000년 전부터 이용되어 왔으며 현재도 많은 사람들이 이용하고 있다. 일본의 옛 기록을 통해, 이 항로를 따라 규슈로 이주한 부젠 하타 씨의 역사적 흔적을 살펴보자.

부산을 출항한 부관페리의 목적지인 야마구치현 시모노세키시(下関市)에 이미노미야 신사(忌宮神社)가 있고, 여기에 기념비가 하나 서 있다.

시모노세키의 이미노미야 신사(이미지 출처: 국토정보플랫폼)

이 기념비에는, 다음과 같은 내용이 있다.

「누에씨 도래의 땅」

지금으로부터 1800년 전에 중국으로부터 진시황 11세 자손 공만왕이 이
곳에 와서 귀화했다. 그는 도요라 궁에 머물고 있는 중애 천황에게 누에
씨를 바쳤다.

이미노미야 신사의 누에씨 도래 기념비(사진 출처: 忌宮神社 홈페이지)

이 비문에는 중국 진시황의 자손이며, 중국인인 공만왕이 일본으로 귀
화하여 도요라 궁에 머물고 있는 중애 천황(仲哀天皇)에게 누에씨를 바쳤다
는 내용이 새겨져 있다. 중애 천황은 일본의 제14대 천황인데, 실존 인물
인지는 확실하지 않다.

그런데 이 비문의 내용을 뒷받침하는 기록이 일본의 역사서인 『일본삼
대실록』에 있다.

가야의 하타 씨와 일본의 겐지 무사

『일본삼대실록(日本三代実録)』877년 7월 17일

하타 하루카제(秦春風)가 종5위에 올랐다. 스스로 말하길 자신은 진시황제 11대손인 공만왕의 자손이라 한다. 중애 천황 4년(195년)에 귀한 보물인 누에의 씨를 천황에게 올렸다고 했다.

『일본삼대실록』은 일본 조정이 901년에 펴낸 공식 역사서이다.

이 기록에 따르면, 877년 7월에 하타 하루카제(秦春風)가 귀족 신분인 종5위에 올랐고, 그녀의 선조인 공만왕이 195년에 중애 천황에게 누에씨를 바친 것으로 알려져 있다. 여러 기록을 살펴보면, 195년이면 중애 천황이 규슈 지방을 다스리기 위해 시모노세키에 있는 도요라 궁(豊浦宮)에 머물던 시절이다.

이 도요라 궁터에 세워진 이미노미야 신사에는 기념비가 있으며, 『일본삼대실록』에도 같은 내용이 기록되어 있다. 이를 통해 아주 오래전에 공만왕의 자손인 하타 씨가 북규슈 지역으로 이주해 와 정착하여 살았다는 것을 알 수 있다.

그렇다면 규슈의 하타 씨는 어디에서 온 이주민일까?

『일본서기』오진 천황(応神天皇) 14년 2월(283년)

궁월군이 백제로부터 일본에 와서 이르기를, "저는 120현(県)의 백성을 이끌고 왔습니다만, 신라가 방해하여 가락국에 머물고 있습니다"라고 했다. 이에 (천황은) 가즈라기 소츠히코를 보내어 궁월군의 백성을 가라(加羅)에서 데리고 오도록 했다.

백제에 머물던 궁월군은 120현의 백성을 일본으로 이주시키려 했으나 신라의 방해로 가야에 머물게 되었다. 이후 286년에 일본 천황의 명으로 궁월군과 그의 백성들은 일본으로 이주하게 되었다.

따라서 이 기록을 통해 궁월군과 그의 백성들이 한반도의 가라(가야)에서 출발했음을 유추할 수 있다.

한편, 『신찬성씨록(新撰姓氏録)』을 보면 공만왕과 궁월군의 혈연관계가 나와 있다.

『신찬성씨록』 야마시로국(山城国) 하타 이미키(秦忌村)

하타 이미키는 우즈마사키미노 스쿠네(太秦公宿禰)와 같이 진시황제의 자손이다.

『신찬성씨록』 사쿄(左京) 우즈마사키미노 스쿠네(太秦公宿祢)

우즈마사키미노 스쿠네는 진시황제 3세손 효무왕(孝武王)의 자손이다. 그의 후손인 공만왕(功満王)이 중애 천황 8년에 내조(來朝)하였고, 아들 융통왕(融通王), 일명 궁월왕이 오진 천황 16년에 127현의 백성을 이끌고 일본으로 귀화하였다.

위의 기록을 보면, 교토에 사는 하타 이미키 씨와 우즈마사 씨는 진시황의 자손이며, 공만왕과 궁월군은 부자 관계로 역시 진시황제의 자손이라 한다. 또한 286년에 궁월군은 그의 백성들과 함께 한반도의 가라에서 일본으로 건너왔다고 한다. 이를 통해 그의 아버지인 공만왕도 한반도의 가라를 떠나 일본의 시모노세키에 상륙한 것으로 유추할 수 있다.

그럼에도 불구하고, 시모노세키의 이미노미야 신사의 기념비에는 공만왕이 중국으로부터 귀화하였다고 새겨져 있다.

진나라가 기원전 207년에 멸망한 후, 유민들이 한반도로 이주한 것으로 알려져 있다. 『일본삼대실록』에 따르면 공만왕이 일본 시모노세키로 건너온 때가 195년이고, 『일본서기』에서는 그의 아들 궁월군과 백성들이 286년에 가야에서 일본으로 이주했다. 이를 보아 공만왕은 적어도 400년 이상, 그의 아들 궁월군과 백성들은 500년 가까이 한반도에 거주한 것으로 보인다. 어쩌면 그들의 선조는 더 오래전부터 한반도에 살았을 수도 있다. 그러므로 기념비의 '중국에서 왔다'는 표현은 실제 사실과 다르며, 오히려 그들의 출신지는 한반도, 또는 가라(가야)라고 함이 타당하다.

역사학자 이노우에 미츠로(井上滿朗)는 "진나라가 망한 때가 기원전 207년이고, 일본에 오기까지 약 700년 가까이 가야에 살았으므로, 하타 씨가 진씨 왕조의 자손으로 중국인이라는 설은 지지하지 않는다"라고 말했다.

아마 하타 씨가 한반도에서 왔다는 것보다 더 큰 나라인 중국에서 건너왔다고 하는 쪽이 더 그럴듯해 보이기 때문에 기념비에 그렇게 적었을 것이라 추측된다.

이상의 기록들을 통해 하타 씨의 선조인 공만왕이 한반도로부터 규슈부근인 시모노세키에 이주해 와 정착했음을 알 수 있다.

여기에서 하타 씨와 진시황제와의 관계에 대해 유의해야 할 점이 있다.

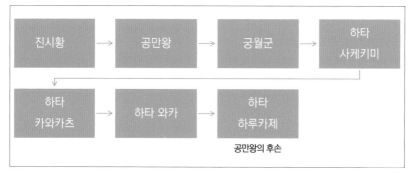

하타 씨의 가계도

일본에 정착해 살고 있던 하타 씨의 후손들은 위의 가계도에서 알 수 있듯이 자신들의 조상이 중국의 진시황이라고 주장한다. 그러나 이러한 주장을 단순히 받아들이기에는『신찬성씨록』이라는 족보 책의 편찬 의도와 배경을 고려해야 할 필요가 있다.

『신찬성씨록』은 815년 사가 천황(嵯峨天皇)의 명으로 펴낸 족보 책으로, 옛 일본의 수도였던 교토와 부근인 오사카, 나라현, 효고현 등에 거주했던

신찬성씨록(이미지 출처: 일본 국립국회도서관 디지털콜렉션)

가야의 하타 씨와 일본의 겐지 무사

1,182개의 유명한 가문들의 조상 유래가 기록되어 있다. 이 중 326개의 가문은 고구려, 신라, 백제, 가야 그리고 중국에서 온 이주민이었다. 당시 수도권에 살았던 유명한 가문의 30%가 외국인이었던 것이다.

외국인 가문들은 자신들의 조상이 중국의 황제나 한반도의 왕족이라고 주장하여 일본의 신분제도에 혼란이 생겼다. 이를 바로잡기 위해 『신찬성씨록』을 편찬하게 되었으며, 조정은 한반도의 도래인을 포함한 전 씨족에게 선조의 근원을 밝힌 자료를 스스로 제출하도록 하였다. 하지만 제출된 자료에 대한 심사 기준은 있었으나, 각 가문이 스스로 작성한 족보였기에 그 사실성 여부를 엄격하게 따지기에는 한계가 있었다.

따라서 하타 씨가 주장하는 선조의 출신에 대해서는 신중한 접근이 필요하다.

– 북규슈의 부젠 하타 씨

『일본삼대실록』에서 하타 씨의 선조 공만왕이 195년에 시모노세키에 상륙하여 일본에 귀화했다고 한다. 하지만 공만왕이 규슈에 정착한 부젠 하타 씨의 시초라고 단정할 수는 없다. 이 기록을 바탕으로 부젠 하타 씨의 자취를 찾아보자.

713년에 겐메이 천황(元明天皇)은 각 지역의 지형, 지명의 유래, 특산물 등을 기록한 풍토기를 만들라고 명령했다. 그중 『부젠국 풍토기(豊豊前国土記)』에는 "부젠국 다가와군 가와라산에 신라의 신이 스스로 건너와 살았으며, 철과 석탄이 풍부했다"는 내용이 담겨 있다.

부젠국은 지금의 북규슈 지역에 위치했으며, 다가와군 가와라산은 지금의 후쿠오카현 다가와시 가와라 마을(田川市香春町)에 있는 산으로, 광산 지역으로 유명하다. 8세기 이전부터 철과 석탄을 캐내었으며, 지금도 시멘트 생산이 계속되고 있을 정도로 역사가 오래된 곳이다.

가와라 마을의 공식 홈페이지에 따르면, 마을 이름인 '가와라'는 고대 한국어에서 유래한 것으로 알려져 있다. 이는 8세기 이전에 이미 한반도에서 건너온 사람들이 이 마을에 정착하여 철과 석탄을 캐냈다는 것을 의미한다.

『부젠국 풍토기』에는 '신라의 신'이 일본으로 건너와 살았다는 내용이 나온다. 그러나 이 '신라의 신'이 사실은 가야의 신이라고 생각하는 사람도 있다. 왜냐하면 이 책이 만들어진 713년에는 이미 가야는 멸망하고 신라만 남아 있었기 때문에, 가야의 신을 신라의 신으로 기록했을 가능성이 있기 때문이다.

바다의 흐름을 고려하면, 가야의 신이라고 하는 것이 더 맞을 수도 있다. 만약 신라인이 일본으로 건너왔다면 그들의 출발지는 동해 남부 해안이나 동해안으로 추측된다. 고대에는 엔진 같은 동력이 없었기 때문에 그들이 해류를 탔다면 자연스럽게 북규슈 쪽이 아닌 이즈모나 츠루가 쪽으로 흘러갔을 것이다. 하지만 한반도 남해안 지역의 이주민이 바닷길을 따라 자연스럽게 도착하는 곳이 바로 규슈 지역이다.

부산−가네자키 바닷길(이미지 출처: 국토정보플랫폼)

이들이 건너온 바닷길을 짐작해 보면, 부산에서 일직선으로 200km 정도 떨어져 있는 무나카타 가네자키(鐘崎)는 대한해협과 현계탄(현해탄)을 건너 북규슈에 이르는 바닷길의 마지막 도착지였다.

한반도 남부지방에서 가네자키로 가는 지름길은 부산(거제도)→대마도 와니우라→이키섬→가네자키 항 순이다.

부산이나 거제도에서 출발하여 대마도 와니우라까지 50여 킬로미터, 와니우라에서 가네자키까지 약 145킬로미터 정도의 거리이다. 『일본서기』에서는 이 뱃길을 '해북도중(海北道中)'이라고 불렀는데, 이는 현계탄에서 한반도로 가는 북쪽 뱃길이라는 의미이다. 가네자키에서 보면 한반도 남해안은 북쪽이다.

그리고 가네자키에서 가와라 광산까지는 직선거리로 약 35km 정도 떨어져 있다. 아마도 남해안에서 온 이주민들은 가네자키 부근에 상륙한 후, 엔가강(遠賀川)을 따라 내려가 가와라 광산으로 이동했을 것으로 추측된다.

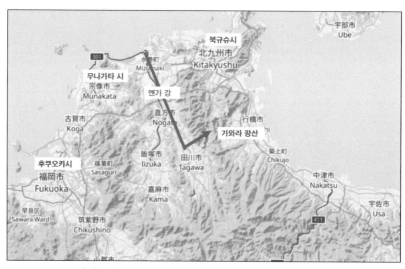

가네자키에서 가와라 광산까지의 길(이미지 출처: Open Street Map)

가야의 하타 씨와 일본의 겐지 무사

– 가와라 광산의 신은 가야에서 온 신

일본 전국의 신사를 소개하는 책으로, 927년에 펴낸 『연희식 신명장(延喜式神名帳)』을 보면, 가와라 광산 안에 있는 가와라 신사에 '가라시마 오키나가 오히메 오메노 미코토(辛国息長大姫大目命)'라는 신이 모셔져 있다고 적혀 있다. 이름이 너무 길어서 외우기는커녕 읽기도 어렵지만, 여기서 주목할 것은 '가라시마(辛国)'라는 단어이다.

연희식 신명장(이미지 출처: 文化遺産 オンライン)

시대는 다르지만 1841년에 펴낸 규슈 지역의 지리지인 『다자이 관내지(太宰管内志)』에는 이 신의 이름 중에 '辛国'을 '加羅久爾(가라구니)'로 읽어야 한다고 쓰여 있다. 여기에서 '가라'는 고대 남부 지방의 대가야, 금관가야 등의 가야를 뜻하는 말이다. 따라서 辛国을 加羅久爾(가라구니)라고 읽는 『연희식 신명장』과 『다자이 관내지』의 기록들은 이 신이 대가야가 있었던 고령이나 금관가야의 김해에서 건너온 신임을 가리키고 있다. 그러므로 가와라 신사에 있는 신은 가야에서 온 신이며, 가와라 광산에서 일했던 가야의 이주민들이 이 신을 모셨을 것으로 추정된다.

가와라 광산에서 힘든 시간을 보낸 하타 씨들은 생활이 안정되자 가와라 광산을 내려와 넓은 평야지대로 옮기게 되는데, 이들이 모여 살았던 기록은 중국의 역사서로, 636년에 편찬된 『수서(隋書)』에 남아 있다.

『수서(隋書)』 「동이전(東夷伝)」 왜국(倭国)

(수나라는) 배청(裴清)을 일본에 보냈다. 백제를 지나 죽도에 이르렀다. 제주도에서 북쪽으로 나아가 큰 바다 중에 있는 대마도를 지나 거기서 동

중국 사절단과 진왕국(이미지 출처: 국토정보플랫폼)

가야의 하타 씨와 일본의 겐지 무사

쪽으로 가서 이키섬(壹岐)을 지났다. 다음에 치쿠시(후쿠오카)에 도착한 다음에, 동쪽으로 가니 진왕국이 나왔다. 이곳에 사는 사람들은 중국의 풍습을 가지고 있어 어쩌면 대만이 아닐까 생각하는데 확실하지 않다.

이 사신은 백제를 거쳐서 대마도를 지나 일본의 후쿠오카에 도착했다. 그리고 동쪽으로 더 가니 진왕국이 나타났다. 그런데 이곳에 사는 사람들은 일본인과는 다르게 화하인(華夏人), 즉 중국인의 풍습을 가진 이방인들이 모여 살고 있었다. 그래서 중국 사신은 이들이 대만인이 아닐까 의심했지만 확실하지는 않았다.

『일본서기』에도 608년 4월 스이코 천황 시절에 중국의 사절단인 '배세청(裵世淸)'이 일본에 왔다는 기록이 있다. 이 두 기록을 맞춰 보면 일본의 북규슈에 진왕국(秦王国)이 있었다는 이야기가 사실이라는 것을 알 수 있다.

- 진왕국의 주민은 가야 이주민인 부젠 하타 씨

 가와라 광산에서 살던 한반도의 이주민들은 규슈의 동쪽에 있는 평야로 이동해서 나카츠군(현재 후쿠오카현 유키하시시), 미게군(현재 후쿠오카현 부젠시 일부와 오이타현 나카츠시 일부 지역)에 모여 살았다. 이 마을들을 중국 사신인 배세청이 '진왕국'이라고 부른 것이다.

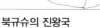

북규슈의 진왕국

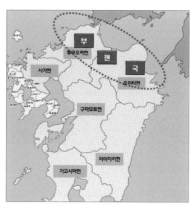

부젠국

 그런데 일본의 정창원 문서(正倉院文書)에는 이 지역의 호적 일부분이 남아 있다. 정창원 문서란 나라현 동대사의 문서 보관소인 정창원에 남아 있는 나라 시대 문서를 말한다. 이 문서는 702년에 만들어졌으며 징병과 조세 목적으로 작성되었고, 이곳에 사는 사람의 이름, 친척 관계, 식구 수 등이 자세히 적혀 있다.

이 마을의 호적을 보면 대부분의 마을 사람들이 하타베(秦部), 스구리(勝)라는 이름을 가지고 있는데 이들은 모두 하타 씨 가문의 사람으로, 마을 전체 인구의 70%에서 90%가 하타 씨 친척들이었다.

그중에 부젠국 나카츠군 정리(仲津郡丁里) 마을의 호적에는 총인구 404명 중 하타 씨 친척인 하타베와 스구리 씨가 177명이었다. 특히 이 지역에는 유난히 스구리 씨가 많았다. 예를 들면 스구리베(勝部), 하타 스구리(秦勝), 가가미 스구리(各務勝), 후하 스구리(不破勝), 에노모토 스구리(榎本勝), 가와베 스구리(河邊勝) 등의 다양한 스구리 성씨가 있었다. 이 스구리 씨들은 하타 씨의 친척인 하타히토(秦人), 하타베(秦部) 등을 관리하는 한반도 이주민 출신으로 알려져 있다.

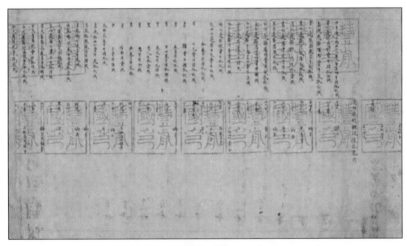

702년 나카츠군 정리 마을의 호적(이미지 출처: 나라국립박물관)

가미츠미게군 탑리(上三毛郡塔里) 마을의 호적을 보면 총인구 131명 중

127명이 하타 씨 친척이었으며, 가메구야리(加目久也里)에는 66명 중 54명이 하타 씨로, 이 지역을 '진(하타)왕국'이라고 부를 만했다. '가메구야리'라는 마을 이름도 가라의 옛 이름으로 김수로왕의 형제가 세운 '구야한국(狗邪韓国)'에서 비롯되었다고 한다.

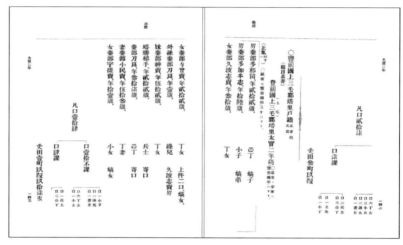

702년 부젠국 탑리 마을의 호적(이미지 출처: 동경대학 자료편찬소)

중국의 사신인 배세청은 북규슈에 모여 살던 사람들을 보고 대만인일지도 모른다고 생각했지만, 사실 그들은 한반도의 남해안을 떠나 북규슈에 상륙한 부젠 하타 씨였다. 그들은 가와라 광산 안에 있는 가와라 신사에 '가라시마 오키나가 오히메 오메노 미코토'라는 가라(가야)의 나라 이름이 담긴 여신을 모시고 있었고, 가와라 광산에서 열심히 구리를 캐내어 나라 동대사 대불을 만들 때 제공하기도 하고, 700년대 일본의 동전 화폐인 화동개진주전(和銅開珎鑄銭)을 만들기도 했다.

– 평야지대에 가라시마 마을(辛島鄕)을 세운 하타 씨

규슈 우사시(宇佐市)에 있는 우사하치만 궁(宇佐八幡宮)에는 야와타 신이
모셔져 있다. (八幡은 한자의 음으로 읽어 '하치만', 뜻으로 읽으면 '야와타'로 발음한다)

이 신사는 일본 전국 44,000개 야와타 신사의 총본산으로 매년 '방생
회'를 개최한다. 방생회란 죽은 이의 넋을 위로하고 생명의 소중함을 기리
는 행사이다. 이 행사가 시작된 것은 아주 오래전인 720년 2월에 일어난
'하야토(隼人)의 반란' 때문이다.

지금의 가고시마현에 살고 있는 하야토들이 당시의 야마토 조정의 지
배를 거부하여 반란을 일으켰다. 이때 정부군은 야와타 신의 깃발을 들고

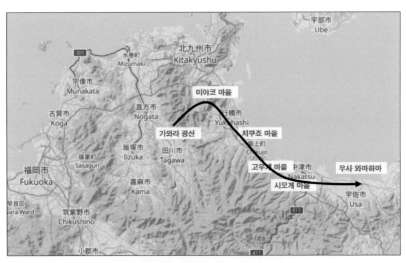

방생회 행사의 여정(이미지 출처: Open Street Map)

싸워서 승리했지만, 전쟁에서 많은 하야토들을 죽였다. 전쟁이 끝난 후, 이들의 넋을 기리고 살생을 반성하기 위해 우사하치만 궁에서 매년 방생회를 열었다. 메이지 시대에는 잠시 중단되기도 했지만 지금은 매년 일본 전국의 하치만 신사에서 다시 열리고 있다.

이 행사는 가와라 광산에서 시작해서 미야코군→치쿠죠군→고우게군→시모게군→우사와마하마라는 곳까지 행진한다. 그런데 이 지역은 옛날에 '진왕국'이라고 불리던 곳으로, 가와라 광산에서 일하던 하타 씨들이 이곳을 지나 넓은 평야지대로 이동한 길이기도 하다.

가와라산에서 내려온 하타 씨들은 동쪽에 있는 우사 평야로 이동했다. 그들은 야마쿠니강을 건너 약칸강의 왼쪽에 '가라시마'라는 마을을 만들었다. 이 마을 이름은 가야를 뜻하는 '가라'와 섬을 뜻하는 '시마'가 합쳐진 것으로, 지금도 오이타현 우사시 가라시마(大分県宇佐市辛島)라는 행정구역 명으로 남아 있다.

가라시마 마을의 건설(이미지 출처: Open Street Map)

가야의 하타 씨와 일본의 겐지 무사

– 야와타 신(八幡神)의 탄생

이 마을에 정착한 하타 씨의 친척인 가라시마 씨는 가야의 신인 '가라쿠니 여신'을 모시는 제사장이었다. 그런데, 약칸강의 오른쪽에는 우사 지방의 터줏대감인 우사 씨(宇佐氏)가 살고 있었는데, 그들은 오모토산(御許山) 꼭대기에 있는 세 개의 큰 바위를 지주 신으로 모시고 있었다.

가라시마 마을의 하타 씨는 자신들의 신인 '가라쿠니 여신'과 우사 씨의 세 바위의 신을 합쳐서 '야와타 신'이라는 새로운 신을 만들었다. 이를 통해 서로 다른 신이나 문화가 합쳐지는 '습합(褶合)'이 이루어졌다. 이러한 습합을 통해 하타 씨와 우사 씨는 서로 협력하며 두 씨족의 안정을 택했다.

하타 씨가 모시던 가라쿠니 여신와 함께 우사 씨의 세 개의 큰 바위 신역시 여성 신이다. 이 여신에 대한 신화는 일본 황실과 연결되어 있어 중요한 의미를 가지고 있다.

『일본서기』에 따르면, 일본 황실의 가장 높은 신인 아마테라스노 오미카미(天照大御大御神)와 남동생 스사노오노 미코토(素戔嗚尊) 사이에서 5명의 아들과 3명의 딸이 태어났는데, 이 중 3명의 여신이 우사의 신이 되었다.

그런데 스사노오노 미코토는 신라에서 일본의 이즈모(出雲)로 돌아왔다는 신으로, 『일본서기』에는 출생 때부터 나쁜 신으로 묘사되어 있다.

『일본서기』·신대(神代)

아버지(이자나기노 미코토)가 코를 썼었을 때 태어난 신이 스사노오노 미코토다. 나이를 먹으며 수염을 길게 길렀다. 그러나 천하를 다스리지 않고 언제나 슬피 울었다. 그래서 아버지가 "너는 왜 그렇게 매일 울고만 있느냐"라고 물으니 "저는 어머니가 있는 네노쿠니(根の国)-죽음의 나라-로 가고 싶어 울고 있을 뿐입니다"라고 대답했다. 아버지는 "원하는 대로 그렇게 하여라" 하면서 아들을 쫓아내었다.

쫓겨난 스사노오노는 누나인 아마테라스가 다스리는 나라로 찾아갔지만, 이상한 행동을 하고 다니며 말썽을 일으켰다.

『일본서기』·신대(神代)

봄에는 이미 씨앗을 뿌린 밭에 또다시 씨앗을 뿌리고, 논두렁을 무너뜨렸다. 가을에는 하늘에 사는 말을 풀어놓아 논에 있는 작물을 엉망으로 만들어놓기도 했다. 또 아마테라스가 신에게 바치는 제사를 지내는 동안, 방 안에 똥을 몰래 뿌리기도 하고, 옷을 짜고 있을 때는 하늘에 사는 말의 껍질을 벗겨 지붕 구멍 사이로 던져 넣었다.

이런 장난 때문에 아마테라스는 크게 화가 나서 동굴에 숨어버렸고, 세상은 해가 없어져서 낮과 밤의 구별이 없어졌다. 신들은 스사노오를 벌주기 위해 많은 공물을 바치게 하고, 머리를 깎게 하여 잘못을 속죄하게 했다. 그리고 손톱과 발톱을 뽑은 다음, 천상에서 추방했다.

또다시 천상에서 추방된 스사노오는 떠나기 전 누나인 아마테라스를 한번 만나야겠다고 생각하고 아버지의 허락을 받아 누나를 만나러 갔다.

아마테라스는 스사노오가 자신의 나라를 빼앗으러 온다고 생각하고, 동생에게 "만약 네가 나쁜 마음이 없다면 네가 낳은 아이는 남자아이일 것이고, 그 아이를 자신의 아들로 삼아 다카마가하라(高天原)를 다스리게 하겠다"고 약속했다.

여기에서 아마테라스 신과 스사노오 신과의 결합은 남녀 관계가 아닌, 서약(誓約, 우케히)이라는 의식이다. 서로 지니고 있는 물건을 통해서 미래를 점치는 행위로써, 만약 스사노오가 지니고 있는 물건에서 태어나는 자식이 남성이면 스사노오에게는 나쁜 마음이 없는 것으로 여긴다.

아마테라스는 이츠키시마히메노 미코토, 다기츠히메노 미코토, 다키리히메노 미코토라는 세 명의 여신을 낳았고, 스사노오는 입에 물고 있던 구슬을 왼손 바닥에 놓아 다섯 명의 남자 신을 태어나게 했다.

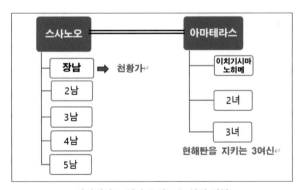

아마테라스 신과 스사노오 신의 서약

아마테라스는 세 여신을 현재의 우사 지역인 우사노시마(宇佐嶋)에 강림시켰다. 지금은 한반도로 가는 북쪽 바닷길을 지키는 수호신이 되었고, 스사노오가 낳은 5명의 아들 중, 큰아들이 일본 황실의 초대 천황인 진무 천황(神武天皇)의 할아버지이다.

우사에 강림한 세 여신은 우사의 세 바위 여신과 연결되어 우사 씨의 신이 되었고, 한반도에서 온 하타 씨 일족의 여신과 결합하여 새로운 신인 야와타 신이 탄생하였다.

그런데 아마테라스가 낳은 세 여신 중 이츠키시마히메노 미코토(市杵嶋姬命)는 한반도 남해안으로 가는 뱃길의 중간 지점인 오키섬(沖ノ島)에 모셔져 있다. 오키섬은 부산으로 향하는 항로의 중간 기착지이다. 별다른 항해 도구가 없었던 고대에는 항해의 안전을 기원하기 위해 많은 사람들이 이 섬에서 제사를 지냈다. 지금도 제사 흔적이 남아 있어 2017년에 세계 문화유산으로 지정될 만큼 신성한 섬으로 여겨지고 있다. 이 섬은 아무 때나 들어갈 수 없으며, 1년 중에 딱 하루, 5월 27일에만 들어갈 수 있다. 그리고 여성은 들어갈 수 없고, 남성만 들어갈 수 있다. 만약 섬에 들어가게 된다면 들어가기 전에 몸을 깨끗하게 씻고, 옷을 벗어야 하고, 섬 안에서는 네발 달린 동물의 고기를 먹으면 안 된다.

이 섬에 모셔져 있는 이츠키시마히메가 701년 하타 씨가 세운 교토 마츠오 대사(松尾大社)의 신으로 자리 잡고 있다.

아마테라스가 낳은 세 여신은 한반도로 가는 뱃길을 지키는 수호신이 되었고, 스사노오노 미코토는 신라에서 돌아온 신이다. 그리고 한반도에서 온 하타 씨의 신인 가라쿠니 여신과 이 세 여신이 결합하여 야와타 신이 되었다. 이 여신 중의 한 명인 이츠키시마히메가 하타 씨가 세운 절인 마츠오 대사의 신이 되었다. 이 모든 것이 먼 옛날부터 한반도와 일본이 서로 교류하고 영향을 미쳤다는 것을 여실히 보여주고 있다.

– 야와타 신의 변화

하타 씨와 우사 씨의 신이 합쳐져 야와타 신이 탄생한 이후, 우사 씨는 역사에서 사라지게 된다. 그 원인은 527년에 일어난 '이와이(磐井)의 난'에 있다. 이 난은 신라를 정벌하라는 야마토 조정의 명령에 규슈의 유력자 이와이가 불복해 일어난 것으로, 일본 고대에 있어서 최대의 반란 사건이라고도 일컬어진다. 이 반란은 진압되었지만, 우사 씨의 세력은 크게 약화되었고, 역사 속에서 사라지게 되었다.

이와이의 난이 일어난 이유는 여러 가지가 있는데, 그중 하나는 신라의 뇌물을 받은 이와이가 조정의 명령을 거절했다는 것이다. 하지만 실제로 한반도에 군대와 물자를 보내야 하는 규슈 지역의 세력가들에게는 조정의 이런 요구가 큰 부담이었다. 임진왜란의 경우를 보아도 명령은 오사카의 도요토미 히데요시가 내렸지만 바다를 건너 전쟁에 참여한 사람들은 대부분 규슈 출신의 병사들이었다.

7세기에 펴낸 후쿠오카 남부 지방의 지리서『치쿠고국 풍토기(筑後国風土記)』를 보면 이와이에 대한 내용이 담겨 있다. 조정에 맞서 역적이 된 이와이는 전세가 불리해지자 혼자서 우사 씨의 본거지 부근인 후쿠오카현 치쿠죠군으로 도망갔다. 그의 아들도 목숨을 구하기 위해 후쿠오카현 가스야군의 토지를 정부군에 내놓았는데 이곳도 우사 씨의 세력권에 있었다. 이와이를 돕는다고 생각한 야마토 조정은 우사 씨에게도 불이익을 주었고, 이 때문에 우사 씨 가문의 세력이 약해졌다.

6세기 이와이의 난에 휘말려 사라진 우사 씨의 뒤를 이어 조정에서는 오가 히기(大神比義)라는 사람을 우사로 보냈다. 나라현 사쿠라이시 미와에 있는 미와신사(三輪神社)는 일본에서 가장 오래된 신사 중 하나인데, 오가 히기는 이 신사와 관련이 있는 사람으로 보인다. 조정은 우사 지역의 신사를 관리하기 위해 그를 보낸 것 같다.

우사 지방에 파견된 오가 히기는 우사 씨가 다스렸던 약칸강 오른쪽에 터전을 마련하여 강 왼쪽의 가라시마 씨와 함께 야와타 신을 모시게 되었다.

6세기 말, 중앙 정부에서 보낸 오가 씨는 원래의 야와타 신에 다른 신을 더했다. 먼저 15대 오진 천황(応神天皇)을 더하고, 그 후 100년 뒤에는 그의 어머니인 신공 황후(神功皇后)를 더했다. 이렇게 해서 초기의 야와타 신인 히메 신(比売神)과 함께 '야와타 삼 신(八幡三神)'이 완성되었다. 그중 오진 천황을 야와타 신의 주신인 야와타노 오가미(八幡大神)로 불렀다. 현재 우사하치만 궁에는 이 세 신이 함께 모셔져 있다.

그런데 왜 신공 황후와 아들 오진 천황이 야와타 신에 포함되었을까? 그 이유는 명확하지 않지만 다음과 같이 추측할 수 있다.

신공 황후의 조상은 신라의 왕자 아메노히보코(天日槍)이다. 『일본서기』 스이닌 천황(垂仁天皇) 3년 춘3월에 신라의 왕자 아메노히보코가 일본에 왔다는 기록이 있다. 『일본서기』보다 8년 먼저 나온 역사서인 『고사기(古事記)』를 보면 아메노히보코가 결혼해서 가츠라기의 다카누카히메노 미코토(葛城高顙媛)라는 딸을 낳았는데, 이 딸이 신공 황후의 선조라고 한다.

『고사기』 오진 천황 아메노히보코(天之日矛)

(아메노히보코가) 유라도미와 결혼하여 낳은 자식, 가츠라기의 다카누카히 메노 미코토(高額比売命). 이 사람은 오키나가타라시 히메(息長帯比買命-나중 의 신공 황후)의 선조이다.

신라의 핏줄을 이어받은 신공 황후처럼, 아들 오진 천황도 한반도와 관련된 기록이 많다. 하타 씨의 선조인 궁월군과 백성들도 이때 가야에서 일본으로 왔고, 왕인은 논어와 천자문을 일본에 전해 주었다. 경남 함안 아라국의 아지키도 오진 천황 때 일본에 왔다. 이런 점 때문에 한반도에서 온 '가라쿠니의 여신'이 깃들어 있는 초기 야와타 신에 한반도와 관련이 깊은 두 사람이 더해진 것이 아닌가 생각된다.

야와타 신앙은 자연숭배, 샤머니즘, 도교, 불교, 신도가 혼합된 종교로 그 시작과 발전 과정이 너무 복잡하다. 간단히 말하면, 야와타 신의 원래 모습은 가야에서 건너온 외국 신으로, 하타 씨 일족인 가라시마 씨가 모시던 가라쿠니 여신과 고대 우사 지방의 지주 신인 히메 신(比売神)이 합쳐져 만들어진 신이다. 히메(姫, 比咩, 比売)란 여성을 뜻하는 말로, 야와타 신의 뿌리는 여성 신이다. 여기에다 지금의 나라현인 야마토국 미와신사의 제사족인 오가 씨가 참여하여 원래의 여성 신에 오진 천황, 신공 황후를 더해 지금의 야와타 삼 신이 되었다.

오진 천황, 히메 신, 신공 황후의 세 신이 모여 야와타 신이 된 이후, 이 신은 규슈의 지방 신에 지나지 않았다. 『일본서기』에는 하타 씨에 대한 기록은 나와 있어도 야와타 신에 대한 내용은 하나도 없다. 그런데 규슈의 지방 신에 지나지 않았던 야와타 신이 전국적인 신으로 발전해 나간 사건이 있었다.

– 전국적인 신으로 발전한 야와타 신

제45대 쇼무 천황(聖武天皇)은 7살 때 아버지 문덕 천황을 여의었고, 어머니 후지와라 미야코는 정신적 불안 장애를 가지고 있어 만날 수가 없었다. 부모 없이 자란 천황은 항상 불안해했다. 이런 쇼무 천황이 어머니를 처음 만난 것은 37살 때였다. 천황은 741년부터 5년간 수도 헤이죠쿄(平城京)를 떠나 돌아오지 않았다. 재위 중에는 신하 후지와라 히로츠구의 난과 하야토의 난, 그리고 끊임없는 화재와 지진 등 많은 어려움이 있어서 마음이 편하지 않았다. 그래서 천황은 불교를 믿고 의지하게 되었다.

『속일본기』에 따르면 740년 쇼무 천황은 오사카의 지식사(智識寺)를 방문했다. 거기서 노사나불(盧遮那仏) 불상을 보고 감동을 받아 자신도 이런 불상을 만들고 싶다는 생각을 하게 되었다.

이 절의 주변에는 하타 씨와 그의 친척들인 다카오 이미키, 오사토 후미, 도코요 무라지가 살고 있었는데, 이들이 나라 동대사의 노사나불(대불)을 세우는 데 큰 역할을 했다. 북규슈 가와라 광산의 하타 씨는 철을 공급했고, 아카소메 씨는 도금공으로, 오사토 씨, 다카오 씨, 데라 씨는 주물공으로 직접 참가했다. 주물 작업 중 주물 단지가 터져 수백 명의 인부가 사망했는데 이 작업에 참가한 하타 씨 동족들이 많이 희생됐다.

대불을 세우는 과정에서 많은 어려움이 있었지만 야와타 신의 신탁을 받아 위기를 극복했다. 749년 11월, 마침내 대불의 주조가 완성되자 야와타 신을 태운 가마가 규슈의 우사를 출발, 12월 27일 천황은 왕비와 함께 나라 동대사(東大寺)를 참배하였다. 752년 4월 9일, 딸 고겐 천황 때 개안 공양회가 거행되었다. 이로써 하나의 지방 신에 지나지 않았던 야와타 신은 전국적인 신으로 발전하게 되었다. 이때 신라의 왕자 김태렴(金泰廉)은 700여 명의 사절단을 이끌고 이 행사에 참석하였다고 『속일본기』에 기록되어 있다.

– 기내(畿内) 하타 씨

『일본삼대실록』에 따르면, 공만왕이 시모노세키에 상륙하여 누에씨를 중애 천황에게 바쳤다고 한다. 한편, 『일본서기』를 보면, 그의 아들인 궁월군은 일본에서의 최초 상륙지는 알려져 있지 않았으나, 시모노세키로부터 약 400km 떨어져 있는 나라현에 정착하였다. 훗날 이들이 기내 하타 씨의 시초가 되었다고 전해진다.

궁월군과 그의 백성은 오진 천황 시절에 일본으로 이주하게 되는데, 오진 천황은 중애 천황의 아들이다.

『일본서기』오진 천황(応神天皇) 14년 2월(283년)

궁월군이 백제로부터 일본에 와서 이르기를, "저는 120현(県)의 백성을 이끌고 왔습니다만, 신라가 방해하여 가락국에 머물고 있습니다"라고 했다. 이에 (천황은) 가츠라기 소츠히코를 보내어 궁월군의 백성을 가라(加羅)에서 데리고 오도록 했다. 그러나 3년이 지나도 소츠히코는 돌아오지 않았다.

283년에 백제에 살던 궁월군이 일본으로 가 신라의 이주 방해를 호소했다. 이에 일본의 왕은 이들을 일본으로 데려오기 위해 가츠라기 소츠히코라는 장수를 가야로 보냈다. 그러나 3년이 지나도 가츠라기 소츠히코는 돌아오지 않았다. 사실은 신라의 여성과 결혼하여 그곳에 눌러앉아 버린

가야의 하타 씨와 일본의 겐지 무사

것이었다.

이 기록에는 백제, 신라, 가야가 등장한다. 궁월군은 백제에 있다가 일본으로 건너갔으며, 궁월군의 백성들은 신라의 이주 방해로 인해 가야에 머무르고 있다 한다. 한반도의 삼국이 모두 등장하는 바람에 하타 씨의 출신지를 밝히는 데 어려움을 겪고 있다. 현재까지도 궁월군과 그의 백성들의 고향이 어디인지는 정확히 알 수 없으며, '120현(県)의 백성'이라는 표현에서 현이 몇 명을 의미하는지도 밝혀지지 않았다.

가츠라기 소츠히코가 소식이 없자 일본의 왕은 이들을 데리고 오도록 다른 장수들을 한반도로 보냈다.

『일본서기』 오진 천황 16년 8월(285년)

왕은 두 장수를 가라로 보냈다. 강한 병사를 내어 주면서 말하기를, "소츠히코가 오래도록 돌아오지 않는다. 틀림없이 신라가 막고 있기 때문에 주저하고 있을 것이다. 그대들이 빨리 가서 신라를 공격하여 그 길을 열라" 했다. 이들이 진군하여 신라를 공격하자 신라 왕은 두려워하며 그 죄를 스스로 고백했다. 그래서 궁월궁의 백성과 함께 가츠라기 소츠히코는 돌아왔다.

이 기록에 대해 많은 사람들이 의문을 제기하고 있다. 그러나 이 글에서는 사실 여부의 검증보다 가야에 살던 사람들이 일본 규슈로 건너갔다는 기록에 주목하고자 한다. 궁월군과 그의 백성에 대한 기록이 우리나라에는 나타나지 않고, 일본에서만 발견되기 때문이다.

위의 기록을 통해 285년에 가야에 살던 사람들이 일본으로 건너갔다는 것은 확인할 수 있다.

다음 기록에는 이들의 정착지가 나와 있다.

『신찬성씨록』 야마시로국(山城国) 하타 이미키(秦忌村)

오진 천황 14년에 내조했다. (궁월왕이) 상소하여 127현의 백성을 이끌고 귀화했다. 그때 금은주옥, 비단 등의 여러 가지 보물을 바쳤다. 천황은 대단히 기뻐하며 야마토 아사즈마 와키가미(大和朝津間腋上)의 땅을 주어 거기에 살게 했다.

가야에 살던 궁월군과 백성들이 일본에 도착하여 금은보화를 오진 천황에게 바친 후, 야마토 지역의 아사즈마 와키가미의 땅을 얻어 정착했다고 한다. 야마토 지역은 지금의 나라현을 말하고, 아사즈마 와키가미는 나라현 고세시(御所市)의 아사즈마(朝妻)와 와키가미(腋上)를 말한다. 이 지명은 현재도 나라현 고세시의 행정구역명으로 사용하고 있다.

당시 오진 천황의 궁궐은 나라현의 사쿠라이(桜井), 또는 오사카의 요도강(淀川) 부근으로 알려져 있다. 궁월군과 백성들이 일본에 도착한 후, 천황을 만나기 위해 나라현의 사쿠라이 또는 오사카의 요도강 부근으로 이동했을 것으로 추측된다.

이들이 가야에서 나라현 가츠라기 고세로 이동했다고 가정하면, 가야→대마도→북규슈→세토나이해→오사카→우지가와강→기즈가와강→나라

가츠라기 고세의 경로를 따랐을 것으로 추측된다.

가야에서 나라현 가츠라기 고세로 가는 길(이미지 출처: 국토정보플랫폼)

– 시련을 이겨낸 기내(畿內) 하타 씨

하타 씨는 가야에서 일본으로 이주한 후, 초기에는 강가, 광산, 염전, 농장 등에서 힘든 노동을 하며 생활을 이어 나갔다. 그들은 일본의 고대 국가인 야마토 정권 아래에서 여러 가지 대형 토목 공사에 동원되기도 했다.

『일본서기』 323년 10월, 닌토쿠 천황 때, 오사카의 나니와 호리에(難波堀江) 수로 공사와 오사카후 네야가와시 근처의 만다 제방(茨田堤)과 만다미야케(茨田三宅) 공사에 하타 씨의 동원 기록이 남아 있다. 게다가 이 지역에는 하타고(幡多鄕), 우즈마사 사쿠라가오카(太秦桜が丘), 우즈마사 타카츠카쵸(太秦高塚町), 우즈마사 나카마치(太秦中町), 우즈마사 히가시가오카(太秦東が丘), 우즈마사 미도리가오카(太秦緑が丘), 우즈마사 모토마치(太秦元町), 그리고 하타쵸(秦町), 하치만다이(八幡台) 등 하타 씨와 관련된 동네 이름이 아직 남아 있어, 이곳이 하타 씨들의 집단 거주지였음을 알 수 있다. 이름 중에서 우즈마사(太秦)의 유래는 471년 유랴쿠 천황 때 하타 씨가 조정에 산더미와 같은 비단을 바쳤고, 이에 대한 보답으로 천황이 하타 씨에게 내린 성(姓)이라고 한다. 현재 교토시의 북쪽 지역에 우즈마사라는 지명이 남아 있다.

하타 씨는 교토의 가츠라기강과 효고현의 제방 공사에도 참여했다. 700년대 초반의 향토 지리지인 『하리마국(播磨国) 풍토기』의 효고현 이보군(揖保郡) 기록에 따르면, 오사카 제방을 쌓았던 하타 씨들이 이보강 제방 공사를 위해 이곳으로 이주해 와서 살았다고 한다. 하리마국은 지금의 효고현 남서부 지역을 말한다.

시가현 에치군은 옛날부터 '하타 왕국'이라 불릴 만큼 하타 씨가 많이 모여 살고 있었는데 이 마을을 하타쇼(秦庄)라 한다. 이 지역을 가로질러 비파호로 흘러 들어가는 에치강의 제방을 쌓기 위해 하타 씨가 투입되었다. 그리고 일본의 수도였던 교토 가츠라강 제방 공사를 담당했던 것도 하타 씨였다. 이처럼 일본의 큰 강 근처에는 하타 씨의 마을이 있었다.

나라현 시키군에 다와라모토쵸(田原本町)가 있는데, 이 지역은 고대부터 한반도 이주민들이 함께 모여 살던 마을이다. 이 마을 부근에 가라히토노이케(韓人池)가 있는데,『일본서기』276년 9월 오진 천황 때에 고려인, 백제인, 가야인, 신라인을 동원하여 이 저수지 공사를 했다고 한다. 그 후 456년 8월에 '마요와 왕의 변란'이 일어나 하타 씨와 가모 씨는 가츠라기 고세를 떠났다. 교토로 향하던 하타 씨 일부는 이곳에 정착하여 하타 마을을 세웠다.

일본에는 이 다와라모토쵸와 관련이 있는 마을 이름이 많이 나온다. 지금의 수도권인 가나가와현 사카와강(酒匂川) 주변에 오다와라시(小田原市)와 하타노시(秦野市)라는 도시가 있다.

'작은 다와라(小田原)'라는 의미의 오다와라에는 헤이안 시대 이후 하타노 씨(波多野氏)가 이주해 와 살았고, 하타노시에는 하타노 성터가 남아 있다. 부근의 아타미 역(熱海駅) 앞의 마을 이름 또한 다와라혼쵸(田原本町)이다.

많은 관광객들이 방문하는 동경 아사쿠사에 스미다강 제방이 있다. 제방을 따라 제방 거리라는 의미의 츠츠미 토리(堤通)가 있고, 강 건너편에 다와라마치(田原町)가 있다. 사이타마현 구마가야시와 후카야시는 고대의 하타라군(幡羅郡)에 해당하는데, 이 지역에 가미츠하타 마을(上秦村), 시모츠하타 마을(下秦村)이 있었다. 이 마을의 양옆을 도네가와(利根川)와 아라카와(荒川)가 흐른다.

일본 전국의 다와라쵸라는 마을 이름을 가진 곳은 다음과 같다.

- 아이치현 다와라시 다와라쵸(愛知県田原市田原町)

- 미에현 마츠자카시 다와라쵸(三重県松阪市田原町)

- 시가현 히코네시 다와라쵸(滋賀県彦根市田原町)

- 효고현 가사이시 다와라쵸(兵庫県加西市田原町)

- 후쿠이현 후쿠이시 다와라쵸(福井県福井市田原町)

- 히로시마현 쇼바라시 다와라쵸(広島県庄原市田原町)

- 나가사키현 사세보시 다바루쵸(長崎県佐世保市田原町)

- 이시카와현 가가시 다이쇼지 다와라쵸(石川県加賀市大聖寺田原町)

- 동경 아사쿠사 부근 다와라마치 역(田原町駅)

- 시즈오카현 아타미시 아타미 역 앞 다와라혼쵸(熱海市田原本町)

- 가나가와현 오다와라시(神奈川県小田原市)

새로운 도시를 건설할 때 가장 중요한 작업 중의 하나가 치수 공사이다. 그래서 고대 일본의 도시 건설은 하타 씨에 의해 시작되었다고 해도 지나친 말은 아니다.

가야의 하타 씨와 일본의 겐지 무사

– 일본의 고대 제철을 발전시킨 기내 하타 씨

북규슈의 부젠 하타 씨들이 다가와시의 가와라 광산에서 철강석을 캐내어 나라 동대사의 대불을 만들었다는 이야기는 이미 했다.

부젠의 하타 씨뿐만 아니라 초기의 기내 하타 씨들도 광부가 되었다.

일본 고대 제철의 발상지로 알려진 효고현 치구사강(千種川) 유역에는 하타 씨의 조상인 하타 카와가츠(秦川勝)를 모시는 신사가 27개나 있다. 이는 하타 씨가 이 지역에서 사철을 채취하여 철을 생산했다는 것을 의미한다.

옛날에는 지금의 효고현 남동부와 오사카 북부 지역을 셋츠국(摂津国)이라 불렀다. 이 지역에는 한반도에서 온 이주민들이 많이 정착했는데, 그중에서도 하타 씨가 많았다. 이들은 오사카 만에서 이나강(猪名川)을 거슬러올라가 내륙 지방으로 이동한 후, 강의 중상류에 정착했다. 그리고 다시 강을 따라 북쪽으로 올라가 니시나리군(西成郡)과 그 위쪽인 이케타시(池田市), 미노시(箕面市), 가와베군(河辺郡), 그리고 가와니시시(川西市), 아마자키시(尼崎市), 다카라즈카시(宝塚市)에 집단 거주지를 만들었다. 이 지역에 살던 하타 씨들은 일본 조정으로부터 높은 신분을 나타내는 성씨인 이미키(忌寸)를 하사받기도 했다. 예를 들어, 『속일본기』 769년에는 이데 타리(井手足) 등 15명에게 하타이테노 이미키(秦井手忌寸)라는 성을 하사했고, 니시나리군 하타 카미시마(秦神島), 하타 히로타치(秦広立) 등 9명에게 하타 이미키(秦忌寸)의 성을 하사했다. 이 기록을 보아 이 지역에 많은 하타 씨들이 살았다는 것을 알 수 있다.

하타 씨의 집단 거주 지역이었던 가와니시시와 이케다시 사이의 10여 킬로미터에 걸쳐 타다 은산(多田銀山)이 있었다. 이름 자체는 은광이기는 하나 역사적으로 구리도 생산되었다. 가마쿠라 막부와 무로마치 막부를 세운 겐지 무사 집단의 창시자인 미나모토노 미츠나카(源滿仲)는 970년 이 부근에 타다인(多田院)이라는 사찰을 건립하고 이 은광을 개발했다. 타다인의 세력 범위는 가와니시시 북부 전체에 이르게 되었고 여기에서 캐낸 은과 동은 이후 그들의 경제적 기반이 되었다. 은광은 후손들인 가마쿠라 막부의 미나모토노 요리토모, 무로마치 막부의 아시카가 타카우지를 거쳐 도요토미 히데요시의 수중에 들어갔다. 메이지 시대에는 미쓰비시에 인수되었으나, 일본광업(日本鑛業)을 거쳐 현재에는 폐광됐다.

인문 지리학자인 요시노 유(吉野裕)는 "요도(淀川)강의 항구는 외국 항로의 종착역으로, 그 하천 변에는 신라계, 백제계, 그 이외의 많은 도래 부족이 밀집하여 있었고, 뛰어난 제철기술을 지닌 호족이 존재했다고 해서 이상할 것은 없다. 특히 강 상류에는 하타 씨의 대집단이 있었다"고 했다.

4

하타 씨의
성장과 번영

– 막강한 경제력을 지니게 된 기내 하타 씨

이주 초기의 하타 씨는 제방 공사와 광산, 염전 등에서 힘든 노동을 해야 했다. 그러나 그들은 토목 공사와 철 생산에 뛰어난 기술을 가지고 있었기 때문에 이를 통해 큰 부자가 될 수 있었다.

경제적으로 강해진 하타 씨는 점점 거대한 집단을 형성하게 되었고, 이를 바탕으로 고대 일본의 산업과 종교에 큰 영향을 끼치게 되었다. 또 정치적으로도 중요한 역할을 해 천황의 측근으로서 중요한 자리를 차지하기도 했다.

『일본서기』 유랴쿠 천황(雄略天皇) 때에 하타 씨의 선조인 하타노 사케키미(秦酒公)라는 인물이 등장한다.

468년 10월 10일에 유랴쿠 천황은 목공인 츠게노미타에게 누각을 세우라는 명령을 내렸다. 미타는 아주 빠르게 움직여서 높은 곳을 오르락내리락했다. 이것을 본 이세 출신의 궁녀가 너무 놀라서 들고 있던 물건을 떨어뜨렸다. 천황은 미타가 궁녀를 범했다고 생각하고 미타를 죽이려고 했다. 그때 하타노 사케키미가 나타나 가야금을 연주하며 노래를 불렀다. 하타의 노래를 들은 천황은 미타를 살려주기로 했다. 이 이야기를 통해 하타노 사케키미는 천황의 마음을 움직일 수 있을 정도의 영향력을 가진 인물이었음을 알 수 있다.

471년 유랴쿠 천황은 각지에 흩어져 있는 하타 씨를 하타노 사케키미에게 관리하도록 명령했다. 그는 이들을 잘 관리하여 산더미 같은 비단을 조정에 바쳐 우즈모리마사(禹豆母利麻佐)라는 성을 하사 받았다고 한다. '산더미처럼 쌓여 있는 모습'을 나타내는 '우즈모리마사'는 이후 우즈마사(太秦)로 바뀌어 지금까지 교토의 마을 이름으로 남아 있다. 산더미 같은 비단을 조정에 바쳤다는 이 이야기는 하타 씨가 매우 부유한 집단이었음을 알려준다.

『일본서기』 긴메이 천황(欽明天皇. 재위 기간 531-571) 때의 첫 부분에 천황과 하타 씨의 친분을 나타내는 기록이 나와 있다.

천황이 어릴 적에 꿈에 어떤 사람이 나타나 "천황께서 하타노 오츠치(秦大津父)라는 자를 총애하시면, 장래에 반드시 천하를 다스릴 것입니다"라고 하였다. 꿈에서 깨어나 사람을 보내어 찾아보니 야마시로국 기이군의 후카쿠사 마을에서 그 사람을 찾을 수 있었다.

이름이 정말 꿈에서 본 것과 같았다. 참으로 희귀한 꿈이라 여기고 매우 기뻐하며 하타노 오츠치에게 "뭔가 마음에 걸리는 일은 없는가" 하고 묻자,

"이상한 일은 없습니다만, 제가 이세에 가서 장사하고 돌아오는데, 산에서 늑대 두 마리가 피투성이가 되어 싸우고 있는 것을 보았습니다. 그래서 말에서 내려 입과 손을 씻은 다음 '당신들은 무서운 신(神)인데도 거친 행동을 즐겨 하고 있습니다. 만약 사냥꾼을 만난다면, 바로잡힐 것입니다'라고 말해 주었습니다. 서로 다투는 것을 멈추게 하고 피 묻은 털을 닦아준 후에 놓아주었습니다"라고 대답했다.

천황이 "반드시 그 보답이 있을 것이다"라고 그를 곁에 두고 후하게 대접하였고, 그는 크게 재산을 모아 부자가 되었다. 천황에 즉위한 후, 하타노 오츠치를 대장성의 책임자로 임명하였다.

이 이야기는 긴메이 천황이 황태자였던 시절, 대략 539년쯤에 일어난 일이다. 하타 씨의 일부는 가츠라기를 떠나 교토의 후카쿠사에 정착했다. 그중 하타노 오츠치(秦大津父)는 이세(伊勢) 지역과 거래를 할 정도로 부자가 되었다. 어느 날, 돌아오는 길에 두 마리의 늑대가 피투성이로 싸우는 것을 보았다. 학자들은 이를 이복 형 센카 천황과 긴메이 천황의 왕위 다툼을 의미한다고 해석한다. 그래서 하타노 오츠치는 두 형제가 싸우면 왕위를 빼앗길 수 있으니 그만 싸우라고 간언했다는 것이다. 그 덕분인지 긴메이 천황이 즉위한 후, 하타노 오츠치는 더욱 부자가 되어 대장성의 책임자가 되었다. 이때부터 하타 씨는 대대로 고대 야마토 조정의 재정과 경제를 담당하는 부서인 대장성에서 일하게 되었다.

또한 스이코 천황 시대인 603년 11월, 하타 카와카츠(秦川勝)는 신라 불상을 쇼토쿠 태자(聖德太子)로부터 물려받아 교토의 고류지(広隆寺)를 창건했다. 쇼토쿠 태자는 고모 스이코 천황으로부터 황태자로 지명받았으나 사망하여 왕위에는 오르지 못했으나, 권력의 정상에 있었으며, 그의 측근 중 한 명이 바로 하타 카와카츠였다.

『속일본기』746년 3월에 하타노이미키 아사모토(秦忌寸朝元)라는 사람이 가즈에노 츠카사(主計頭)로 임명되었다는 내용이 나온다. 가즈에노 츠카사는 세금을 관리하는 최고 책임자로, 이 자리는 지금도 이어져 일본의 국가 예산을 관리, 감독하는 재무성 주계국(財務省 主計局)이 되었다.

하타 씨는 막강한 경제력을 바탕으로 일본의 종교에도 큰 영향을 끼쳤다.

702년에는 하타노이미키 토리(秦忌寸都理)가 교토에 마츠오 대사(松尾大社)를 세웠고, 715년에는 교토 후시미에 이나리 대사(伏見稲荷大社)를 창건했다. 후시미 이나리 대사는 지금도 많은 일본인이 참배하고 있으며, 일본의 국세청 통계에 따르면 이 신사를 본궁으로 하는 신사 수가 전국에서 두 번째로 많다. 가장 많은 법인을 가진 신사는 규슈 우사시에 있는 우사하치만 궁으로, 하타 씨의 신인 야와타 신을 모시는 곳이다. 2016년을 기준으로 일본 전국에서 법원에 등기된 신사 중 하치만(야와타) 신사가 4,809개로 가장 많고, 그다음으로 이나리 신사가 2,652개, 쿠마노 신사가 2,132개이다.

간무 천황(桓武天皇)이 784년 12월 18일에 나가오카시로 수도를 옮겼을 때, 하타이미키 타리나가(秦忌寸足長)가 새 궁궐 건설을 지원했다. 또 1000년간 일본의 수도였던 교토 헤이안쿄(平安京)의 정전인 태극전은 하타 카와카츠(秦川勝)의 집터였다고 하니, 당시 하타 씨의 경제력이 얼마나 강했는지 알 수가 있다.

이처럼 일본의 고대 기록을 살펴보면, 하타 씨 일족은 이미 조정에서 권력의 중심에 있었다. 더욱이 700년대에는 하타 씨가 전국적으로 퍼져나가, 일본 전국 어디에나 하타 씨가 살고 있었다. 인구 수가 늘어나고 경제력을 확보하면서 하타 씨는 이익 집단으로 성장했다. 세력화된 집단은 정치적 기반을 만들기 시작했고, 700년대 중반부터 후반에 걸쳐 하타 씨는 궁궐 조성에 재정적 지원을 아끼지 않았다. 이러한 경제력을 바탕으로 정치적 기반을 형성했으며, 마츠오 대사, 이나리 대사 등을 창건하여 일본의 종교에도 큰 영향을 끼쳤다.

- 17만 명이 넘었던 고대 하타 씨의 인구

오진 천황 283년 하타 씨의 선조인 궁월군이 백제로부터 건너와 말하기를 "저는 120현(百卄縣)의 백성을 이끌고 왔습니다. 하지만 신라가 방해하여 가락국에 머물고 있습니다"라고 했다.

그런데 '百卄縣'의 120현은 몇 명을 의미할까? 이 百卄縣의 읽기는 '모모아마리 하타치의 고호리(ももあまりはたちのこほり)'라고 읽는데, 백(百)에다 스물을 더한 것을 뜻한다. '고호리'는 우리나라의 '고을'에서 유래된 것으로 알려져 있지만, 삼국시대 한반도의 고을 인구수를 나타내는 자료는 찾기 어렵다.

마침 『일본서기』 540년 8월 긴메이 천황 때에 하타 씨의 인구수에 대한 또 다른 기록이 나와 있다.

귀화해 온 하타 씨 등을 각 지방에 분산 배치하고 호적에 기재하였다. 하타 씨의 호구 수는 전부 7,053호였다.

이 호적은 현재 전해지지 않지만, 하타 씨의 전체 호구 수는 7,053호라 한다. 그러면 540년의 7,053호는 몇 명이었을까?

일본의 호적 제도를 보면, 670년에 경우연적(庚午年籍), 690년에 경인연적(庚寅年籍)이 작성되었다 하나 전해지지 않는다. 다행히 702년에 작성된 고대 호적의 일부인 부젠국 가미츠미케군 탑리(豊前國上三毛郡塔里)의 하타 씨 호적이 정창원 문서 속에 남아 있다. 702년에 만들어진 이 호적은 세금 징수를 목적으로 만들어졌다. 여기에는 해당 호구의 거주자 이름, 인척 관계, 인구수가 기록되어 있어 고대의 호구당 인구수를 추산하는 데 적절하다.

이 호적에 올라 있는 여러 마을의 1호구당 인구수를 분석해 보면, 나카츠군 정리는 총인구 404명에 호구 수가 20호로 호구당 인구수는 20명, 탑리는 153명에 6호구로 호구당 25.5명, 가메구야리는 130명에 3호구로 호구당 43명이다. 그래서 평균 1호구당 인구수는 26.3명이다.

한편 사회학자 고바야시 데루오(小林照郎)는 고대의 호구당 인구수를 50~60명으로 보았고, 역사학자 가토 겐키치(加藤謙吉)는 10명으로 계산했다.

우리나라의 경우, 윤종유는 당평백제국비명(唐平百済国碑銘)의 내용을 바탕으로 660년대 백제의 1호당 인구수를 25.8명으로 추정했으나, 고대 인구 추정을 위해 1호당 인구를 똑같이 5명으로 계산했다. 흥미로운 사실은 일본 정창원 문서에 신라 경덕왕 14년(755)에 만들어진 충북 청주 부근 4개 마을의 '신라촌 장부(新羅村帳簿)'라는 호적이 소장되어 있는데, 여기에서는 호구당 인구수를 10.3명으로 보고 있다.

이처럼 옛 기록과 연대, 연구자에 따라 호구당 평균 인구수가 다르지만, 정창원에 남아 있는 702년 고대 호적의 경우, 호당 평균 인구수는 26.3명이다. 이 숫자를 근거로 540년 하타 씨의 호당 인구수를 평균 25명으로 하고 계산하면, 7,053호는 176,325명(=25명 x 7,053호)에 이른다. 시대 차를 고려해서 호당 인구를 반으로 줄여서 인구수를 최저 12.5명으로 한다 해도 약 9만 명에 이른다.

당시 일본의 총인구는 200만 명으로 추정된다. 이에 따라 하타 씨 인구는 일본 전체 인구의 4.4%(호구당 12.5명)에서 8.8%(호구당 25명) 정도였을 것으로 예상된다.

참고로 경제학자 기토 히로시(鬼頭宏)는 725년 일본 인구를 451만 명으로 추정했고, 고바야시 데루오(小林照郎)는 610년 스이코 천황 때의 인구를 『태자전(太子伝)』이라는 기록을 바탕으로 498만 8,842명이라 했다. 또한 윤종유는 고구려, 백제, 신라의 총인구를 491년에 239만, 554년에 250만으로 추정했다. 따라서 500년경의 일본 총인구를 200만 명으로 보아도 무리는 없어 보인다.

540년에 하타 씨 인구가 일본 총인구의 4.4%에서 8.8%에 달했다는 것은 당시 하타 씨가 이미 거대 집단을 이루고 있었다는 것을 의미한다. 2018년 말 대한민국 총인구는 5,182만 6,059명이었는데, 같은 해 한국 거주 전체 외국인 수는 236만 7,609명으로 외국인 비율이 4.57%였다. 따라서 540년 하타 씨가 차지했던 인구 비율은 현재와 비교해도 매우 높은 수치이다.

그런데 고대 일본에는 하타 씨 외에도 다른 이주민들이 많았다. 815년에 편찬된 『신찬성씨록』에 올라 있는 교토와 인근 5개 지역의 1,182 명문 씨족 중에 외국 이주민 출신이 443개 씨족으로 약 37%에 이르고 있다. 당시 하타 씨의 인구수를 고려하면, 일본 전체의 이주민 수도 상당한 부분을 차지했을 것으로 추정된다.

인구수로 보아 하타 씨는 고대 일본에서 가장 큰 규모의 도래 씨족 중 하나였다. 그들로부터 뻗어나간 성씨는 오타 아키라(大田亮) 선생의 『성씨 가계대사전(姓氏家系大辞典)』에 따르면 44개에 이른다.

구니세 시시비토 씨(国背宍人氏) · 고치베 씨(己智部氏) · 오사 씨(日佐氏) · 사쿠라다 씨(桜田氏) · 미바야시 씨(三林氏) · 하타칸 씨(秦冠氏) · 오사토 씨(大里氏) · 다카오 씨(高尾氏) · 데라 씨(寺氏) · 단 씨(弾氏) · 우즈마사 씨(太秦氏) · 에치하타 씨(朴市秦氏) · 아사하라 씨(朝原氏) · 도키하라 씨(時原氏) · 모노즈메 씨(物集氏) · 오쿠라 씨(大蔵氏) · 이데 씨(井手氏) · 하타코 씨(秦子氏) · 가카도 씨(香登氏) · 다카하시 씨(高橋氏) · 가와베 씨(川辺氏) · 닷푸 씨(達布氏) · 오야케 씨(小宅氏) · 사키 씨(前氏) · 츠네 씨(常氏) · 야마무라코치 씨(山村許智氏) · 야마무라 씨(山村氏) · 나라코치 씨(奈良許知氏) · 오다키 씨(大滝氏) · 이와키 씨(岩城氏) · 나라오사 씨(奈良沢語氏) · 나가오카 씨(長岡氏) · 이치무라 씨(市村氏) · 이무라 씨(井村氏) · 미야자키 씨(宮崎氏) · 미야지마 씨(宮島氏) · 도쿠다 씨(徳田氏) · 오가와 씨(小川氏) · 다미야 씨(田宮氏) · 나카무라 씨(中村氏) · 미즈토리 씨(水取氏) · 하라씨(原氏) · 구라히토 씨(倉人氏) · 오사다 씨(長田氏)

가마쿠라 시대 이후에 늘어난 하타 씨계 성씨는 다음과 같다.

시마즈 씨(島津氏) · 아소타니 씨(阿蘇谷氏) · 이사 씨(伊佐氏) · 이쥬인 씨(伊集院氏) · 이시자카 씨(石坂氏) · 가와카미 씨(河上氏) · 스에히로 씨(末広氏) · 니이로 씨(新納氏) · 마치다 씨(町田氏) · 야마다 씨(山田氏) · 치란인 씨(知覧院氏) · 미야사토 씨(宮里氏) · 나카누마 씨(中沼氏) · 오노 씨(大野氏) · 이즈미 씨(和泉氏) · 사타 씨(佐多氏) · 아이라 씨(始良氏) · 가마타 씨(鎌田氏) · 가츠라 씨(桂氏) · 이세 씨(伊勢氏) · 진보 씨(神保氏) · 소 씨(宗氏)

그러나 여기서 한 가지 주의해야 할 점은 같은 성씨라도 지역에 따라 그 선조가 다를 수 있다. 따라서 위에서 언급한 44개의 성씨가 현대에 이르러서도 모두 하타 씨의 자손인 것은 아니다.

– 하타 씨에 대한 일본의 역사적 평가는 그렇게 좋지 않다

일본의 역사가들은 한반도에서 건너온 하타 씨는 주로 제방 공사, 광산, 염전, 양잠, 양조 등에 종사한 노동자 집단이라고 평가한다.

이런 하타 씨의 기록을 바탕으로 많은 학자들은 하타 씨의 특성을 '식산적(殖産的)' 씨족이라 정의한다. 이는 하타 씨가 주로 강, 광산, 농장 등에서 노동력을 바탕으로 생산량을 증가시키고, 산업을 번창시키는 활동에 주력했던 집단이라는 인식을 가지고 있다는 것을 의미한다.

역사학자 히라노 쿠니오(平野邦雄)는 "일반적으로 하타 씨는 중앙 정계에 진출하지 않고 지방에서 세력을 가진 토호적 성격을 유지하며 씨족의 공동체적 조직을 보존하고, 고유의 기술을 동일 씨족 내에 잘 전달하여 확대한 재산을 늘리는 일에 힘쓴 씨족"이라고 평가했다. 이는 바로 하타 씨는 식산적 씨족이라는 시각을 정확하게 뒷받침하고 있다.

가토 겐키치(加藤謙吉)는 "조정에 공물을 납부하고 왕권에 봉사하는 것을 목적으로 각지에 한반도에서 건너온 사람들의 세력을 모아 성립한 의제적(擬製的) 거대 씨족 집단"이라고 했다. 여기서 '의제적'이란 실제로는 그렇지 않지만 목적을 위해 의도적으로 동일시하는 행위를 말한다. 즉 하타 씨의 구성원이 실제로는 같은 씨족이 아닌데, 노동 생산량을 늘리고 조정에 세금을 납부하며, 왕권에 봉사하기 위해 서로 다른 한반도의 이주민을 모아 하나의 거대 집단으로 만든 것이 하타 씨 집단이라는 의미이다.

나카무라 슈야(中村修也)는 "하타 씨가 중앙의 유력 호족이 아닌, 중앙에서는 하급의 씨족이었고, 지방에서는 지역에 의존하는 성격이 강한 씨족이었다"고 하며, 미즈타니 치아키(水谷千秋)는 "(하타 씨는) 비정치적이며 정치의 전면에서는 중립성을 지키며 깊이 개입하지 않는다"고 했다. 즉 다른 고대 유력 씨족인 가츠라기 씨, 모노노베 씨, 소가 씨, 후지와라 씨에 비해 비정치적이며 지방을 근거지로 하여 생산 활동에 주력한 씨족으로 평가하고 있다.

이러한 역사학자들의 정의를 요약하면 '정치에 참여하지 않는 지방의 하급 씨족으로, 주로 생산량을 늘리고 산업을 번창시키며, 왕권에 봉사하고 세금을 납부하기 위해 서로 출신이 다른 한반도의 이주민을 합쳐서 만들어진 노동 집단'이라는 시각이다.

그러나 여러 일본의 옛 기록을 보면, 하타 씨는 거대 인구를 바탕으로 정치적 기반을 가지고 있었고, 일본 권력의 최측근에서 영향력을 행사한 고대 명문 씨족임을 알 수 있다. 540년에 이미 거대 집단이 된 하타 씨는 700년경에는 전국 어디에서나 살고 있었다. 이 사실로 미루어 보아 하타 씨는 이미 전국적 규모의 이익 집단을 형성하고, 일정한 정치세력을 보유하고 있었다. 따라서 하타 씨는 주로 노동 생산적 활동에 집중한 '식산적' 씨족이라는 기존의 평가는 적절하지 않다.

이런 기존의 평가는 역사적 사실과도 다르며, 이를 비판 없이 받아들여 인용의 바탕으로 삼는 것도 바람직하지 않다.

일본의 역사에 큰 영향을 끼친 하타 씨에 대해서는 우리의 시각으로, 그리고 우리의 손에 의해 심층적인 연구가 필요하며, 재평가되고 재조명되어야 한다.

– 하타 씨의 한반도 내에서의 고향에 대한 논란

일본에는 하타 씨에 대한 기록과 연구가 매우 풍부하여 일본 내의 하타 씨의 행적이나 업적을 쉽게 찾아볼 수 있지만, 그들의 한반도 내 고향에 대한 기록은 일본에도 존재하지 않는다. 게다가 하타 씨에 대한 연구는 우리나라에서 많이 이루어지지 않았기 때문에, 그들의 고향에 대한 확실한 주장은 아직 없다고 볼 수 있다. 하지만 일본의 역사서에 하타 씨가 일본으로 건너온 경위를 밝힌 기록이 있으므로, 그것을 바탕으로 한반도에서의 고향을 추정해 볼 수 있다.

『일본서기』 오진 천황 283년 2월의 기록을 보면, 궁월군이 백제로부터 일본에 와서 이르기를, "저는 120현의 백성을 이끌고 왔습니다만, 신라가 방해하여 가락국에 머물고 있습니다"라고 했다.

우선 이 기록에 따라 하타 씨의 출신지를 세 가지 지역으로 추정할 수 있다.

첫 번째는 백제인 설인데, "백제에서 온 궁월군이 이르기를, 저는 120현의 백성을 이끌고 왔습니다"라고 했다. 그가 백제에서 왔다 하므로 당연히 그의 백성들인 하타 씨는 백제 출신이라는 설이다.

백제인 설의 또 다른 문헌적 근거는 "진한은 마한의 동쪽에 있다. 옛날에 진나라 사람들이 사역을 피해 한국에 망명해 왔으며 마한이 그 동쪽 땅을 나누어 주었다"라는 『삼국지』의 「위서동이전(魏書東夷傳)」, 그리고 『후한서』의 「동이열전(東夷列傳)」 등의 기록이다.

마한을 이어받은 것이 백제이고, 마한의 동쪽이 진한인데, 백제가 자신의 영토 일부를 내어 주었다는 것이다. 따라서 진나라 사람인 하타 씨는 백제가 내어준 땅에서 시작했으므로 원래 고향은 백제라는 주장이 있다.

두 번째는 가야인 설이다.

궁월군이 "신라가 방해하여 가라(가야)에 머물고 있다"라고 말한 것을 근거로, 하타 씨가 가야 출신이라는 주장도 있다. 그런데 하타 씨가 가야 출신인지를 판단하기 위해서는 그들이 가야에 머물렀던 기간이 중요하다.

앞서 언급한 것처럼, 하타 씨가 가야에 머문 기간은 약 500년으로 추정된다. 일본의 역사학자 중에는 하타 씨의 한반도 거주 기간이 700년이 넘을 것이라고 추정하는 사람도 있어, 이를 근거로 하타 씨의 실제 가야에서의 거주 기간은 이보다 훨씬 길었을 것으로 여겨진다. 따라서 하타 씨는 가야 출신이라는 주장이다.

세 번째는 신라인 설인데, 이 설을 지지하는 몇 가지 중요한 단서가 있다.

그중 하나는 1938년 경성에서 독학으로 조선 지명을 연구하던 역사학자 아유카이 후사노신(鮎貝房之進)이 『삼국사기』에서 발견한 '파차현(波旦縣)'이다.

『삼국사기』 권35, 잡지(雜志) 제4 지리2, 울진군(蔚珍郡)

울진군은 본래는 고구려의 우진야현(于珍也縣)인데 경덕왕 때 개명하여 현재에 이른다. 속해 있는 현은 하나인데, 해곡(海曲)으로 서현(西縣)이라고도 쓴다. 원래는 고구려의 **파차현**으로 경덕왕 때 개명하였으나 지금 자세한 것은 모른다.

아유카이는 이 기록을 바탕으로 서로 발음이 흡사하다 하여 하타 씨를 울진군 '파차현' 출신이라 주장했지만, 당시에는 학계의 주목을 받지 못했다.

삼국사기 속 파차현(이미지 출처: 한국사데이터베이스)

그로부터 50년이 지난 1988년, 경북 울진군 죽변면 봉평리에서 포크레인 기사가 흙갈이 작업 중 '울진봉평신라비(蔚珍鳳坪新羅碑)'를 발견했다. 비문 속에는 '파단(波旦)'이라는 문자가 들어 있었는데, 이는 아유카이 후사노신이 제시한 '파차현(波旦縣)'과 유사한 것으로 하타 씨의 고향이 울진이라는 아유카이의 설이 더욱 힘을 받게 되었다.

이 비는 고구려에 속해 있던 지금의 울진군인 거벌모라(居伐牟羅)가 신라의 영토로 편입된 것에 반발하여, 백성들이 불을 지르는 등 소요를 일으키자, 신라의 중앙 관료들이 파견되어 주모자들을 처벌하고, 재발을 방지하기 위해 세운 것이다.

비문 내용 중 '미선지파단(弥宜智波旦)'이라는 인명 속에 '파단'의 문자가 일본식 발음인 '하타'와 비슷하며, 이 사람들이 형벌을 피하기 위해 일본에 건너간 하타 씨라는 주장이다. 이 비문을 근거로 5세기 후반 울진 우유국(優由国)의 지배 세력 일파가 동해를 건너 일본 열도로 이주했으며, 하타 씨를 '하다'라고 부르는 기원은 신라봉평비 속의 '파단'에 있다고 한다. 하타 씨의 집단 거주지였던 교토의 우즈마사(太秦)도 울진의 옛 지명인 우유촌, 우유국과 언어학상으로 유사하여 이 지명의 기원으로 추정된다고 한다. 따라서 하타 씨의 고향을 경북 울진이라고 주장하며, 이는 하타 씨의 고향이 신라라는 주장과 연결된다.

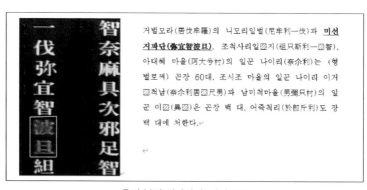

거벌모라(居伐牟羅)의 니모리일벌(尼牟利一伐)과 **미선지파단(弥宜智波旦)**, 조척사리일☑지(組只斯利一☑智), 아대혜 마을(阿大兮村)의 일꾼 나이리(奈尒利)는 (형벌로써) 곤장 60대, 조시조 마을의 일꾼 나이리 이거☑척남(奈尒利居☑尺男)과 남미척마을(男彌只村)의 일꾼 이☑(異☑)은 곤장 백 대, 어즉척리(於卽斤利)도 장 백 대에 처한다.

울진 봉평 신라비 속 파단(波旦)

가야의 하타 씨와 일본의 겐지 무사

네 번째로 부산 영도의 고지도(古智島) 설이다.

역사학자 오와 이와오(大和岩雄)는 저서인 『하타 씨 연구』에서 하타 씨 동족인 가나코치(伽那巨智)의 고향이 부산항 앞의 개운포와 태종대 사이에 있었던 고지도(古智島)라 주장했다. 가나고치 씨는 지금의 효고현 서부 지역의 풍토 지리서인 『하리마국 풍토기』에도 등장한다. 히메지시 시카마군 고치리(飾磨郡 巨智里)에 대한 기록을 보면,

『하리마국 풍토기』 고치리(巨智里)

고치 씨(巨智氏)가 이 마을에 살기 시작하였기 때문에 동네 이름이 되었다. 구사가미(草上)라고 부르는 유래는 가라히토 야마무라(韓人山村)의 먼 선조인 고치가나(巨智賀那)가 이 땅을 개간했을 때, 한 뭉치의 풀뿌리가 썩어 냄새가 심했기 때문에 구사가미(草上)라 이름 지었다.

이 마을에 사는 가라히토 야마무라(韓人山村)의 '가라히토'는 '가라(韓)' 또는 '가라(加羅)'로 읽히기 때문에 한반도 출신이거나 가야 출신으로 볼 수 있다. 선조인 가나고치(伽那巨智)의 '伽那 · 賀那(가나)'와 '伽耶(가야)'는 문자나 발음이 서로 비슷하여 아마 가야를 잘못 기록한 것으로 보인다. '고치'는 부산 '고지도'의 발음과 거의 유사하다. 그래서 오와 이와오는 조선시대의 『동국여지승람(東国興地勝覧会)』에 보이는 「동래현 고지도(東萊縣 古智島)」를 하타 씨 동족인 고치 씨(己智氏)의 고향으로 가리켰다.

『신증동국여지승람(新增東国興地勝覧)』에는 지금의 부산시 영도구에 있는 "절영도 신사(絶影島神祠)와 모등변 신사(毛等辺神祠)는 모두 동평현(東平縣) 남쪽 1리에 있다. 고지도 신사(古知島神祠)는 동평현에서 남쪽으로 23리에

있다. 돌로 단을 만들었으며, 옛날에는 비가 오기를 빌어 효험이 있었다 하는데 지금은 없어졌다"라고 기록되어 있다. 문제의 고지도는 100년 전의 부산 북항 개축 공사로 인해 현재는 사라지고 없다. 그리고 고대의 동평현 이름은 부산 당감동의 백양 터널 어귀 삼거리와 양정동 양정 교차로를 잇는 '동평로'라는 도로 이름으로 현재까지 그 지명이 남아 있다.

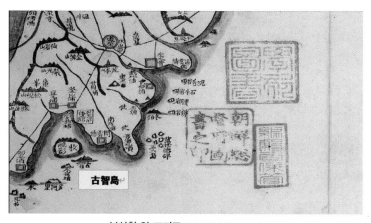

부산항 앞 고지도(이미지 출처: 대동여지도)

하타 씨 동족인 가나고치의 고향으로 추정되는 고지도는 부곡(部曲)이 설치된 지역이다. 『신증동국여지승람』 동래현 항목을 보면 "고지도부곡(古知道部曲), 즉 고지도를 말한다"라고 되어 있다.

동래현에는 5개의 부곡이 존재했는데, 부곡이란 대개 전쟁 포로나 범죄인을 집단 거주시키거나 반란이 일어난 향읍(鄕邑)의 지위를 떨어뜨리기 위해 설치된 곳으로, 가혹한 세금과 노역이 부가됐다. 특히 신라가 삼국을 통일한 이후, 고구려와 백제의 영토를 신라로 편입하는 과정에서 생겨난

가야의 하타 씨와 일본의 겐지 무사

지역으로 차별받는 부락이었다.

한편 하타 씨의 고향을 추정하는 데 유력한 증거로 제시된 울진 봉평 신라비의 비문에는 부곡과 비슷한 성격의 노인(奴人), 노인촌(奴人村)이라는 글자가 나오는데 노예 마을이라는 뜻이다. 비문은 신라에 점령당한 고구려 유민의 저항을 제압한 내용으로, 이들도 가혹한 세금과 노역에 시달렸을 것이다. 하타 씨의 고향이 부산 고지도나 울진 중의 어느 쪽이든, 두 지역의 백성들은 지나친 억압에서 벗어나기 위해 일본으로 건너갔을 가능성이 있다.

그 외에도 하타 씨의 출신지로 진시황의 불로초를 구하러 온 서복(徐福)의 중국인 설, 유태인 설 등 다양한 가설이 거론되고 있다.

하지만, 여러 가지 근거를 종합해 보면, 하타 씨의 고향은 가야로 추정된다. 그 근거로는 다음과 같다.

첫째, 『일본서기』에서는 궁월군의 백성이 가라에 머물다가 285년 일본으로 건너왔다는 기록이 있다. 백성들이 가라에 머문 기간도 약 500년 이상으로 추정된다. 따라서, 가야에서 500년 이상 머물다 일본으로 건너온 하타 씨의 고향은 가야일 가능성이 크다.

둘째, 『일본서기』에서 일본 황실의 신인 아마테라스 오미카미가 낳은 이츠키시마히메노 미코토(市杵嶋姫命), 다기츠히메노 미코토(湍津姫命), 다키리히메노 미코토(田霧姫命)의 무나가타 세 여신은 현계탄의 수호신이 된다. 특히 이츠키시마히메노는 이 뱃길의 중간 지점인 오키섬(沖ノ島)에 모셔져 있다.

그런데 이 섬에 모셔져 있는 이츠키시마히메가 701년 하타 씨가 창건한 교토 마츠오 대사(松尾大社)의 신으로 자리 잡고 있다. 이 여신은 한반도 남해안으로 가는 뱃길을 수호하는 신으로 알려져 있는데, 하타 씨가 창건한 사찰의 신으로 모셔져 있다는 사실은 하타 씨의 고향이 가야 부근일 가능성을 보여준다. 만약 하타 씨가 동해안 출신이라면 이 여신은 남해안으로 가는 뱃길을 지키는 신이 아닌, 동해안의 수호신이 되어야 할 것이다.

하타 씨의 출신 지역에 대해서는 다양한 가설이 존재하며, 이는 한반도에서 일본으로 건너간 고대 하타 씨의 흔적을 찾고 이해하는 데에 있어서 매우 중요한 문제 중 하나이다.

하지만 현재까지 이에 대한 명확한 결론은 내려지지 않았으며, 더 많은 관심과 연구가 필요하다.

5

가모명신(賀茂明神)과
경남 양산의 백성들

- 1800년 전 일본의 나라현 가츠라기로 간 양산의 백성

285년에 가츠라기 소츠히코가 가야에서 궁월군과 그의 백성들을 일본의 가츠라기 고세로 데려갔다는 내용은 이미 앞에서 소개했다. 이에 앞서 205년에 그가 부산 다대포 앞바다에 나타나 경남 양산의 백성들을 같은 곳으로 데려갔다는 내용이 『일본서기』에 나온다.

『日本書紀』 신공 황후 5年(205) 3월 7일

(인질로 온 신라 왕자 미시칸키가 일시 귀국하고 싶다 하여) 신공 황후는 허락을 했다. 가츠라기 소츠히코와 함께 신라로 보냈다. 대마도에 도착하여 와니우라에서 하룻밤 머물렀다. 그때 신라의 사절 모마리시치(毛麻利叱智) 등은 몰래 뱃사람을 준비하여 미시칸키 왕자를 배에 태워 신라로 도망치게 했다. 풀로 인형을 만들어 (또 다른 신라 사절인) 미시코치의 침대에 눕혀놓고 마치 아픈 것처럼 위장했다. 일행이 "미시코치는 병이 들어 거의 죽을 지경입니다"라고 가츠라기에게 말했다.

가츠라기는 부하에게 병자의 상태를 보고 오도록 했다. 속았다는 것을 알고 신라의 사절 세 사람을 묶어 감옥에 집어넣고 불태워 죽였다. 가츠라기는 다타라츠(현재 부산 다대포)에 진을 치고 사와라노사시(草羅城: 현재 경남 양산)를 함락시키고 일본으로 돌아왔다. 이때 끌고 온 포로들은 구와하라(桑原) · 사비(佐糜) · 다카미야(高宮) · 오시미(忍海)의 4개 마을에 살았는데 아야히토(漢人)의 선조이다.

신라의 사절에게 속은 가츠라기 소츠히코는 화가 나서 신라인 3명을 불에 태워 죽였다. 그리고 양산을 공격해서 포로들을 데려갔다. 그 포로들은 가츠라기 고세의 구와하라, 사비, 다카미야, 오시미라는 4개 마을에 살게 되었다고 한다.

그러면 약 1800년 전 가츠라기 소츠히코가 양산의 백성을 가츠라기 고세로 데리고 갔다는 『일본서기』의 기록이 사실인지 확인해 보자.

사건의 발생 연대는 다르지만, 『일본서기』와 유사한 내용이 우리나라의 삼국사기와 삼국유사에도 나온다.

『삼국사기』 卷第 四十五 열전(列傳) 第五 박제상

제상은 미사흔에게 몰래 본국으로 돌아갈 것을 권했다. 미사흔이 "제가 장군을 아버지처럼 받들었는데, 어찌 혼자서 돌아가겠습니까?"라고 말했다. "만약 두 사람이 함께 떠나면 계획이 이루어지지 못할까 두렵습니다"라고 제상은 대답했다. 미사흔이 제상의 목을 껴안고 울며 작별을 고하고 귀국했다. 다음 날 제상은 방 안에서 혼자 자다가 늦게 일어나니, 이것은 미사흔을 멀리 가게 하려고 함이었다. 여러 사람이 "장군은 어찌 일어나는 게 늦습니까?"라고 물었다. "어제 배를 타서 몸이 노곤하여 일찍 일어날 수 없다"라고 대답했다. 곧 제상이 나오자, 미사흔이 도망한 것을 알았다. 마침내 제상을 결박하고 배를 달려 미사흔을 추격했으나 마침 안개가 연기처럼 자욱하게 끼어 있어 멀리 바라볼 수가 없었다.

제상을 왜왕이 있는 곳까지 돌려보냈더니 곧 제상을 목도로 유배 보냈다. 얼마 있지 않아 사람을 시켜 땔나무에 불을 질러 전신을 불태우고, 후에 그의 목을 베었다.

(자료 출처: 한국사데이터베이스, 한국고대사료 DB)

가야의 하타 씨와 일본의 겐지 무사

『삼국유사』卷第一 제1기이(紀異第一), 내물왕(奈勿王) 김제상(金堤上)

제상이 말하기를 "지금이 떠날 때입니다"라고 하자 미해가 이르기를 "그러면 같이 갑시다"라고 했다. 제상이 "만일 신이 같이 떠난다면 왜인들이 깨닫고 추격할까 염려됩니다. 바라건대 신은 이곳에 남아 그들이 추격하는 것을 막겠습니다"라고 말했다. 미해가 이르기를 "지금 나는 그대를 부형처럼 생각하고 있는데 어찌 나 홀로 돌아가겠소"라고 했다. 제상이 말하기를 "신은 공의 목숨을 구하는 것으로써 왕의 심정을 위로할 수 있다면 그것으로 만족할 뿐입니다. 어찌 살기를 바라겠습니까?" 하고는 술을 따라 미해에게 바쳤다.

제상은 미해의 방에 들어가 이튿날 아침까지 있었다. 미해를 모시는 사람들이 "미해공이 어제 사냥하느라 몸이 피로해서 아직 일어나지 못하십니다"라고 했다. 그날 저녁 무렵, 좌우 사람들이 이상히 여겨 다시 물었다. (제상이) 이르기를 "미해공은 떠난 지가 이미 오래됐다"라고 했다. 좌우 사람들이 왜왕에게 달려가 이를 고하자 왕이 그를 쫓아갔으나 따라가지 못했다.

(생략) 왜왕이 노하여 이르기를 "이미 너는 나의 신하가 되었는데도 감히 계림의 신하라고 말하는구나. 그렇다면 반드시 오형을 모두 쓸 것이나 만약 왜국의 신하라고 말을 한다면 필히 후한 녹을 상으로 줄 것이다." 제상이 대답하기를 "차라리 계림의 개 돼지가 될지언정 왜국의 신하는 되지 않겠다. 차라리 계림의 형벌을 받을지언정 왜국의 작록은 받지 않겠다"라고 했다. 왜왕이 노하여 제상의 발 가죽을 벗기고 갈대를 베어 그 위를 걷게 했다. 지금 갈대의 붉은 빛깔이 나는 것은 제상의 피라고 한다. 왜왕이 다시 물어 이르기를 "너는 어느 나라 신하인가?"라고 하자 "나는 계림의 신하다"라고 답했다. 왜왕은 쇠를 달구어 그 위에 제상을 세워 놓

고 묻기를 "너는 어느 나라 신하인가?"라고 다시 물었다. 제상이 "나는 계림의 신하다"라고 답했다. 왜왕은 제상을 굴복시키지 못할 것을 알고 목도라는 섬에서 불태워 죽였다.

(자료 출처: 한국사데이터베이스, 한국고대사료 DB)

일본과 고려시대의 역사서에 기록되어 있는 3개의 내용은 동일한 사건으로 보아도 무리가 없을 것 같다. '제상'의 이름이 삼국사기에 박제상으로, 150년 후에 나온 삼국유사에는 김제상으로 나와 있다. 대체로 성이 도입된 것이 6세기경이라 하니, 후세에 의해 성씨의 혼동이 생긴 것이 아닌가 여겨진다.

삼국사기에서 박제상은 박혁거세의 후손으로 삽량주(歃良州)-경남 양산의 옛 이름-의 간(干)이라 하고, 삼국유사에서는 삽라군(歃羅郡)의 태수(太守)라 하는데, 지금도 양산에는 삽량초등학교가 있고, 삽량문화축전이라는 축제가 거행되고 있다.

이러한 사실들을 고려할 때, 『일본서기』에서 가츠라기 소츠히코가 부산 다대포에 배를 대고 낙동강을 거슬러 올라가 양산을 공격했다는 기록은 믿을 만한 것으로 보인다.

문제는 같은 사건이 삼국사기에 418년, 삼국유사에 425년, 『일본서기』에는 205년에 발생한 것으로 쓰여 있다. 두 나라 기록 사이에는 약 200년의 시간 차가 존재한다. 사건이 일어났던 것은 사실로 보이지만 발생 연도가 서로 다르므로 이 사건에 대해 서로 다른 의견을 제시할 수 있다. 하지만 다음의 신문 기사를 보면, 한일 양국의 후세들은 이 사건을 실제로 일어난 것으로 보고 박제상의 위령비를 세웠다. 이는 이 사건이 한일 양국의 역사에서 중요한 의미를 가지고 있다는 것을 보여준다.

나가사키신문, 1988년 8월 10일 자

수년 전 대마도 역사 민속자료 연구원 나가토메 히사에 씨와 한국 동국 대학교 총장 황수영 씨가 서로 의논하여 박제상의 순국 위령비를 대마도 의 가미아가타마치의 사고 미나토하마(佐護湊浜)에 건립하기로 합의, 약 60명의 한일 관계자가 모여 제막식을 올렸다.

사건의 발생 연도가 서로 다른 이유는 여러 가지가 있을 수 있다. 예를 들어, 역사적 기록의 한계나 오류, 또는 시대적 배경이나 문화적 차이 등이 그 원인일 수 있다. 그러나 이 사건이 실제로 일어났다는 것에는 다른 의 견이 없을 것으로 보인다.

『일본서기』에 기록된 내용을 바탕으로 양산 백성들과 가모 씨, 그리고 가모명신과의 관계를 계속해서 살펴보자.

– 양산의 백성이 먼 가츠라기 고세로 갔다는 기록은 믿을 수 있을까?

가츠라기 소츠히코는 먼저 양산의 백성을 나라현 가츠라기 고세 지역으로 데려와 구와하라, 다카미야, 가모가미, 사비에 살게 했다. 그리고 80년 후에 다시 낙동강 유역의 하타 씨들을 같은 지역인 아사즈마 와키가미에 데려왔다.

이 내용은 일본에서 가장 오래된 역사서인 『일본서기』에 실려 있는 기록이다. 약 1800년 전에 일어난 일이라 신화나 전설로 느껴질 수 있고, 가츠라기 소츠히코의 나이에 대한 내용은 현대의 과학적 지식으로 생각하면 믿기 어렵다.

가츠라기 소츠히코는 양산의 백성과 하타 씨를 나라현 가츠라기 고세의 같은 마을로 데려갔다. 205년에 양산의 백성들을 고세로 데려갔고, 285년에는 궁월군과 그의 백성들을 다시 일본으로 데려갔다고 하니, 그의 나이를 생각하면 어림잡아 100살은 되었을 것이다. 심지어 그는 오진 천황의 아들인 닌토쿠 천황(仁德天皇) 재위 시절인 310년 춘3월에도 나온다.

가츠라기 소츠히코가 실제로 존재했던 인물인지에 대해서는 여러 가지 의견이 많다. 일부 역사학자들은 그가 한반도, 특히 낙동강 유역에 연고를 가진 상징적 인물이나 전설상의 인물이라고 생각한다.

그가 가야로 건너간 후 3년이 지나도 일본으로 돌아오지 않은 이유는 여러 가지가 있을 수 있다. 그중 하나는 『백제기(百濟記)』라는 책에 따르면,

가츠라기가 가야에 파견되어 신라의 미녀와 함께 생활했다는 기록이 있다.

『百済記』 신공 황후(神功皇后)

임오년(382년)에 왜국은 사치히코(沙至比跪)를 보내어 신라를 정복하려 했으나, 신라는 2명의 미녀를 보내어 사치히코를 속였다. 마음이 흐려진 사치히코는 신라를 공격하지 않고 오히려 가야를 정벌하려고 했다.

백제로 피신한 가야 왕족은 천황에게 직소했다. 노한 천황은 장수를 보내어 사치히코를 공격했다. 또 전해지기를, 몰래 일본으로 돌아온 사치히코는 천황의 노여움이 아직도 풀리지 않았음을 알고 동굴에 들어가 자살했다 한다.

『백제기』는 삼국사기에 실려 있는 「백제본기(百済本記)」와는 다른 책이다. 백제가 멸망한 후 일본으로 건너간 지식인들이 만든 역사책으로 원본은 전해지지 않고 있다. 『백제기』의 사치히코(沙至比跪)는 가츠라기 소츠히코와 동일 인물임이 많은 연구로 밝혀져 있다. 두 역사책의 내용을 보아 가츠라기는 낙동강 유역에 연고를 가지고 있었기 때문에 일본으로 돌아가는 것을 거부했을 수도 있다.

그렇다면 양산의 백성인 가모 씨와 낙동강 변 출신 하타 씨가 가츠라기 고세에 함께 살았다는 내용은 과연 믿을 수 있을까? 이에 대한 역사적 증거들을 살펴보자.

양산의 백성이 살았던 구와하라, 사비, 다카미야, 오시미 마을 중에 다카미야를 제외한 3개 마을은 지금도 일본의 행정주소명으로 사용되고 있다. 그리고 하타 씨가 살았다는 와카가미 아사즈마도 그대로 현재 지명으로 사용하고 있다. 1800년 전에 두 씨족이 거주했던 지역의 지명이 현재까지도 사용되고 있다는 것은 『일본서기』의 내용이 신뢰할 수 있는 근거 중 하나이다.

가츠라기 고세에는 「남고 유적지군(南鄉遺跡群)」이라는 고대 유물 지역이 있다. 이곳에서는 옛날에 쇠를 만들었던 유물이 많이 발견되었다. 특히, 가모 씨와 하타 씨가 살았던 지역에서는 한반도식 건물의 흔적이 많이 발견되고, 그 근처에서는 쇠 부스러기나 불을 지피는 데 사용했던 골풀무 등도 발견되었다.

앞서 소개한 『일본서기』에서 가츠라기 소츠히코가 경남 양산을 침범했을 때의 기록을 보면,

가츠라기 소츠히코는 다타라츠(踏鞴津-현재 부산 다대포)에 진을 치고 사와라노사시(草羅城: 현재 경남 양산)를 함락시키고 일본으로 돌아왔다. 이때 끌고 온 포로들은 구와하라 · 사비 · 다카미야 · 오시미의 4개 마을에 살았는데 아야히토의 선조이다.

'다타라츠에 진을 치고'의 '다타라츠'는 낙동강과 바다가 합쳐지는 부산의 다대포를 가리킨다. 다대포에서 경남 양산의 어귀인 물금까지는 약 25km에 지나지 않는다. 일본어로 '다타라(踏鞴)'는 불을 지피는 골풀무를 의미하는데, 양산 백성들이 살았던 고세의 마을에서 다타라가 발견되었다는 것은 고세에 끌려온 백성들의 출신지가 다대포 근처인 낙동강 변, 즉

가야의 하타 씨와 일본의 겐지 무사

양산이라는 사실을 말하고 있다.

일본 조정이 펴낸 역사서인『속일본기』의 722년 3월 기록에는 오시미 아야히토(忍海漢人)와 가네츠쿠리 등 5명, 그리고 가라카지(韓鍛冶) 4명을 노예 신분에서 해방시켰다는 기록이 있다.

여기서 오시미는 양산의 백성이 살았던 마을이며, 지금도 행정주소명으로 쓰이고 있다. 가네츠쿠리는 철공인, 가라카지는 한국인 대장장이를 말한다. 따라서 경남 양산의 백성을 끌고 와 오시미에 살게 했다는『일본서기』의 기록과, 오시미에 사는 한국인 대장장이들을 노예 신분에서 풀어주었다는『속일본기』의 내용을 합쳐 보면, 적어도 오시미 지역에 사는 사람들이 한반도 출신이라는 것은 부정할 수 없다. 따라서 1800년 전 양산의 백성을 데리고 왔다는『일본서기』의 내용은 근거가 있다고 본다.

두 권의 역사서의 내용을 보면, 양산 백성들은 낙동강 지역에서 쇠를 다루었고, 일본의 가츠라기 고세에서도 대장장이의 직업을 가졌던 것으로 추측된다.

– 고세의 양산 백성들

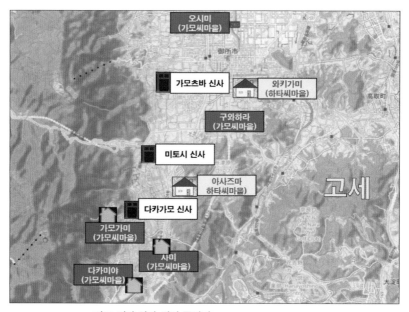

가모 씨와 하타 씨의 주거지(이미지 출처: Open Street Map)

양산의 백성들이 살았던 오시미, 구와하라, 다카미야, 사비 근처에는
'가모 삼 사(鴨三社)'라 불리는 3개의 신사가 있다. 이 신사들은 가츠라기
가모츠바 신사(葛城鴨都波神社), 미토시 신사(葛木御歳 神社), 다카카모 신사(高
鴨神社)를 말한다. 그중에서도 사비 마을 근처에 있는 다카카모 신사(高鴨神
社)는 양산 백성들의 직업을 이해하는 데 큰 도움이 된다.

일본에서 가장 유명한 신사는 이세 신궁(伊勢神宮)이다. 이 신사는 일본 황실의 신인 아마테라스 오미카미(天照大御神)를 모시고 있다. 이세 신궁만큼이나 역사가 오래된 신사가 교토의 시모가모 신사(下鴨神社)와 가미가모 신사(上賀茂神社)이다. 이 두 신사의 총본산이 바로 가츠라기 고세에 있는 다카카모 신사(高鴨神社)이다.

다카카모 신사가 모시는 신은 아지스키 타카히코네(阿遲鉏高日子根)라는 신으로, 일본의 모든 신 중에서 지위가 매우 높다. 일본의 신 가운데 큰 신(大神)으로 불리는 두 신이 있는데, 바로 일본 황실의 신인 아마테라스노 오미카미와 다카카모 신사의 아지스키 타카히코네 신이다.

아지스키 타카히코네(阿遲鉏高日子根) 신의 이름 속에 들어가 있는 '서(鉏, 혹은 鋤)'라는 문자에 주목해 보자. 일본어로 '스키' 혹은 '사히'로 읽으며, 우리말로 호미라는 뜻이다. 작은 칼, 혹은 쇠로 만든 작은 농기구를 일컫는 한자이다.

『일본서기』에서 같은 문자가 사용된 예를 보면, 아마테라스 오미카미의 남동생인 스사노오 미코토가 신라에서 일본으로 돌아와 큰 뱀을 퇴치할 때 쓴 칼이 '조선에서 만든 작은 검'이라는 뜻의 '가라사히노 츠루기(韓鋤之劍)'이다. 스사노오가 술에 취한 뱀의 꼬리를 가라사히로 내리쳤을 때, 이 칼에 부딪치는 물건이 있어 살펴보니 또 다른 칼이 꼬리 속에 들어 있었다. 이 칼이 '쿠사나기의 검(草薙劍)'이라 불리며, 새로운 천황의 즉위식 때 대대로 전해지는 '세 종류의 신기(三種の神器)' 중 하나이다. 이 보물은 천황의 증표로, 우리나라로 치면 국쇄와 유사한 의미를 지닌다.

스사노오가 뱀의 꼬리에서 찾아낸 검이 세 종류 신기 중 하나인 것도 흥미로운 사건이지만, 서(鉏 혹은 鋤)라는 한자가 한반도를 나타내는 한(韓)

자와 같이 쓰인다는 점도 주목할 만하다.

초대 천황인 진무 천황에게는 형이 있었다. 그의 이름은 '이나히노 미코토(稻飯命)'이다. 그를 '사히모치노 카미(鋤持神)'라고도 부르는데, '작은 칼을 가진 신'의 의미이다. 『신찬성씨록』을 보면, 이나히노 미코토의 출신은 신라 왕의 선조로 나와 있다. 원래 신라 출신인지, 아니면 일본에서 태어나서 신라로 들어갔는지는 더 이상의 기록이 없어 알 수가 없다. 하지만 이나히노 미코토를 '사히'라는 한자를 사용하여 그가 한반도와 연관되어 있음을 암시하고 있다.

같은 '서' 자가 들어간 다카카모 신사의 신인 아지스키 타카히코네(阿遲鉏高日子根)도 작은 칼이나 농기구, 쇠와 관련이 있는 신으로 추측된다. 이 신을 모시는 양산 백성들의 주거지였던 사비와 다카미야 부근에서 제철과 관련 있는 유물이 많이 발견되어, 양산 백성들의 직업은 대장장이로 추정된다. 그리고 이 신을 모시는 제사장이 가모 씨였을 거라는 추정도 가능하다.

1800년 전, 양산 백성들이 살던 지역에 하타 씨도 낙동강 변에서 옮겨 왔다. 하타 씨가 정착한 아사즈마 와키가미는 지금은 고세시 아사즈마(朝妻)와 와키가미(掖上)로 나뉘어 있다. 아사즈마에서 양산 백성의 마을인 다카미야까지는 지도 위의 직선거리로 약 0.7km, 와키가미에서 구와하라(지금의 이케노우치)까지는 약 1.6km 정도의 거리이다.

그 당시에는 자동차나 기차 등의 이동수단이 없었기 때문에, 걸어서 이동하거나 배를 타는 것이 유일한 방법이었다. 이렇게 아주 먼 옛날인 1800년 전에, 그것도 외국에서 1km 정도의 거리에 같은 고향 사람들이 모여 살았다는 것은 매우 놀라운 일이다.

가야의 하타 씨와 일본의 겐지 무사

- 가모 씨의 고향

양산의 백성들이 모시던 3개의 신사 중에 가츠라기 가모츠바 신사(葛城鴨都波神社)와 다카카모 신사(高鴨神社)의 이름에는 가모 씨의 이름이 들어가 있어, 이 신사들과 깊은 관계가 있어 보인다. 가모 씨의 출신에 대해 알아보자.

『고사기』를 보면 가모 씨의 출신을 짐작할 수 있는 기록이 나온다.

『고사기』 스진 천황 미와산(三輪山) 전설

오타타네코 미코토는 미와키미(神君)와 가모키미(鴨君)의 조상이다.

『고사기』는 일본의 조정이 펴낸 또 다른 역사책이다. 일본서기보다 먼저 나왔지만 일본 황실의 신화가 많이 담겨 있다.

미와키미는 나라현 사쿠라이시(桜井市)에 있는 미와 신사를 모셨던 미와 씨(三輪氏)를, 가모키미는 가모 씨(賀茂氏)를 가리키는데, 이들은 가야 출신으로 여겨지는 오타타네코(意富多多泥古命, 혹은 大田々根子命)의 자손들이라고 한다.

오타타네코의 출신을 알아보자.

『일본서기』 스진 천황 7년 8월 7일

세 사람이 천황에게 아뢰기를 "어젯밤 꿈에 한 귀인이 나타나 '오타타네코를 오모노누시 신(大物主神)의 제사장으로, 이치시노 나가오이치(市磯長尾市)를 야마토 오쿠니타마 신의 제사장으로 하면 반드시 천하가 태평하리라'고 가르쳐 주었습니다." 천황은 이 꿈 얘기를 듣고 기뻐하며 널리 오타타네코를 찾으라는 명을 내렸다. 치누노 아가타(茅渟県)의 스에무라(陶邑)에서 오타타네코를 찾았다.

스진 천황은 일본의 제10대 천황으로, 3세기 후반에 살았다고 한다. 하지만 실제로 존재했는지에 대해서는 논란이 있다. 당시 전염병이 퍼져 국민의 절반이 죽을 정도로 위험한 상황에서, 천황은 전염병을 물리칠 방법을 신하들에게 물었다. 신하들은 오타타네코라는 사람이 세상을 평화롭게 할 수 있다고 대답했고, 천황은 그 사람을 찾으라고 명령했다. 그리고 치누노 아가타의 스에무라(陶邑)라는 곳에서 그 사람을 찾았다.

치누노 아가타 스에무라는 지금의 오사카 남부 지역으로, 일본에서 도자기를 만드는 곳 중에서 가장 큰 규모를 자랑하던 곳이다. 대표적인 도시가 사카이시(堺市)인데, 이곳은 가야에서 온 사람들이 모여 도자기를 만들던 곳으로 유명하다. 가야의 도자기를 '스에키(須恵器)'라고 부르는데, 이 도자기를 만들던 마을을 '스에무라'라고 불렀다. 스에키 토기는 높은 온도에서 구워져 단단하기 때문에 물이 새지 않아 제사에 많이 사용되었다. 천황이 찾던 오타타네코가 이 마을에 살고 있었다는 것은 그가 가야에서 온 사람일 가능성이 높다는 것을 의미한다.

그런데 오타타네코의 후손인 미와 씨가 가야 출신임을 밝혀줄 또 다른

가야의 하타 씨와 일본의 겐지 무사

기록이 있다.

광개토대왕 비문을 보면, 서기 400년에 광개토대왕이 군사 5만 명을 보내 신라를 구원했고, 왜적이 가득 찬 가야의 종발성을 무너뜨렸다는 내용이 담겨 있다.

광개토대왕비

10년 경자(庚子)에 왕이 보병과 기병 도합 5만 명을 보내어 신라를 구원하게 했다. 남거성을 거쳐 신라성에 이르니, 그곳에 왜군이 가득했다. 관군이 막 도착하니 왜적이 퇴각했다. 그 뒤를 급히 추격하여 임나가라(任那加羅)의 종발성(從拔城)에 이르니 성(城)이 곧 항복했다.

한국과 일본 학자들의 연구에 따르면, 400년에 백제, 금관가야, 일본이 힘을 합쳐 신라를 공격했을 때, 광개토대왕이 신라를 돕기 위해 금관가야를 공격했다. 이 공격으로 인해 종발성이 무너졌고, 많은 가야인들이 규슈 지역으로 피신했다고 한다. 이 이주민들은 5세기 말이나 6세기 초에 미와 산(三輪山)으로 옮겨와 미와 씨가 되었다고 한다.

또한, 미와 씨의 선조는 5세기에 한반도에서 일본으로 건너와 6세기경에는 오사카의 스에무라에 정착했으며, 이후 미와산으로 옮겨 미와 신사의 제사를 지냈다는 연구도 있다. 따라서 오타타네코가 가야인들의 도자기 마을인 스에무라에서 발견되었다는 『일본서기』의 기록과, 오타타네코가 가야 출신 미와 씨와 가모 씨의 선조라는 『고사기』의 기록을 합치면 오타타네코가 가야 출신임을 알 수가 있다.

그러므로 미와 씨와 동족이라는 가모 씨도 가야 출신임에 다름이 없다.

일본에서 가장 오래된 신사인 미와 신사도 한반도와 관련된 전설이 전해지고 있다.

『고사기』 스진 천황 미와산(三輪山) 전설

오타타네코라는 사람이 신의 자손이라는 것을 알게 된 이유는 다음과 같다.

이쿠타마 요리히메라는 매우 아름다운 소녀가 사는 곳에 용모도 의상도 매우 훌륭한 남성이 밤만 되면 찾아왔다. 사랑하는 두 사람은 함께 살았는데 그사이에 소녀는 임신을 했다. 이쿠타마 요리비메의 부모는 임신한 딸을 의심해 따졌다.

"너는 임신을 했구나. 남편도 없는데 어떻게 임신을 했느냐?"

그러자 소녀는 대답했다.

"매우 잘생긴 이름도 모르는 남자가 밤마다 찾아와 함께 있으니 임신이 됐어요."

부모는 그 남자의 정체를 알고 싶어 딸에게 일렀다.

"붉은 흙을 바닥에 깔거라. 삼으로 만든 실을 실패에 감은 다음, 바늘에 꿰어 남자 옷자락에 꽂아 두어라."

소녀는 부모가 이른 대로 했다. 다음 날 아침에 살펴보니, 실은 문 열쇠 구멍을 통해 풀려 나갔고, 실타래에 남아 있는 실은 단 세 줄(三輪)뿐이었다. 열쇠 구멍으로 남자가 나간 것을 안 소녀는 실을 따라가 보니 미와산 신사에 당도했다. 그래서 그 남자는 신의 자식이라는 것을 알게 됐다. 실이 세 줄 남았다 해서 그 땅을 '미와(三輪)'라 부르게 됐다.

흔히 '실타래' 식 신혼 이야기라 부르는 이 설화는 삼국유사 후백제 견훤의 설화와 유사하다.

삼국유사 卷第二 紀異第二 후백제 · 견훤의 출생에 관한 이설

고기(古記)에서 이렇게 말했다. 옛날에 한 부자가 광주에 살았다. 딸 한 명이 있었는데 자태와 용모가 단정했다. 딸이 아버지에게 "밤마다 자줏빛 옷을 입은 남자가 침실에 와서 자고 갑니다"라고 이르자 아버지가 말하기를, "긴 실을 바늘에 꿰어 그 남자의 옷에 꽂아 두어라"라고 하니 아버지의 말을 그대로 따랐다. 날이 밝자 실을 따라 북쪽 담 밑에 이르니 바늘이 큰 지렁이의 허리에 꽂혀 있었다. 이로 말미암아 임신을 해 남자아이를 낳았는데 나이 15세가 되자 스스로 견훤이라 불렀다.

많은 사람들은 미와산 전설이 한국의 삼국유사에 나오는 후백제 견훤의 이야기와 비슷하다고 한다. 견훤의 이야기도 백제 무왕 전설을 빌려온 것이다.

이 전설은 광개토대왕의 공격으로 가야에서 규슈로 피난을 간 사람들이 가지고 있던 이야기가 일본 『고사기』의 미와산 전설이 된 것으로 보인다. 또 미와 씨가 자신의 고향인 한국에 있던 '실타래' 식 신혼 이야기를 퍼뜨려서 미와 신사의 제사장 자리를 얻으려고 했다는 해석도 있다.

이런 연구 결과들을 볼 때, 가모 씨는 양산 백성들이 믿는 신사들의 제사장이었을 수도 있고, 양산 백성들과 가모 씨는 같은 조상을 둔 친척일 수도 있다.

– 가모 씨와 하타 씨의 교토 피신

가츠라기 소츠히코 가문의 도움을 받던 가모 씨와 하타 씨가 고세를 떠나야 했던 큰 사건이 있었다.

『일본서기』 456년 8월, 안코 천황(安康天皇) 때 '마요와 왕의 변란(眉輪王の変)'이라는 끔직한 사건이 일어난다. 이때 가츠라기 소츠히코의 손자 츠부라노 오미(円大臣)가 이 사건에 연루되어 유랴쿠 천황에게 죽임을 당했고, 가츠라기 가문도 망하게 된다.

마요와는 자신의 아버지 오쿠사카노 미코(大草香皇子)가 안코 천황에게 살해당하고, 어머니인 나카시히메노 미코토(中蒂姫命)는 안코 천황의 황후가 된 사실을 우연히 알고 어머니의 무릎에 잠들어 있던 천황을 찔러 죽였다. 마요와는 그대로 가츠라기 츠부라노 오미의 집으로 피신하지만, 안코 천황의 동생인 유랴쿠 천황에게 포위되어 결국에는 츠부라와 함께 불타 죽는다.

이 변란으로 인해, 가츠라기 가문의 지원을 받던 가모 씨와 하타 씨는 가츠라기 고세를 떠나 새로운 곳인 교토로 가게 되었다. 교토에서도 가모 씨는 가모강(賀茂川) 근처에, 하타 씨는 후카쿠사(深草)와 가도노(葛野)라는 지역을 거쳐 가츠라강(桂川)의 왼쪽에 자리를 잡았다.

두 가문 중에 누가 먼저 교토에 도착했는지는 일본의 역사학자들 사이

가야의 하타 씨와 일본의 겐지 무사

에서도 의견이 다르지만, 일부 역사가들은 5세기에서 6세기 사이에 두 가문이 함께 교토로 이주했을 것이라고 생각하고 있다.

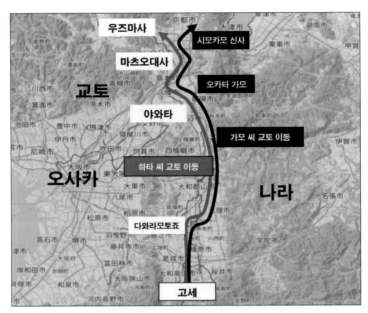

가모 씨와 하타 씨의 교토 진출(이미지 출처: Open Street Map)

– 가모 씨의 역사

그들이 고세를 떠나 교토까지 이동한 경로를 추정해 보면 다음과 같다.

하타 씨는 고세에서 다와라모토죠(田原本町)에 먼저 정착했다. 그후 기즈강(木津川)을 따라 이동하여, 지금의 야와타시(八幡市)를 거쳐 후시미(伏見)와 후카쿠사(深草)에 살았다. 그리고 가츠라강의 서쪽에 정착하여 고대 교토의 문화와 경제에 큰 이바지를 했다.

가모 씨도 이와 유사한 경로를 따랐다. 가츠라강에서 가모강을 따라 올라가 시모가모 신사, 가미가모 신사를 창건했다.

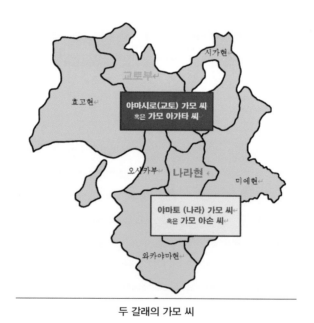

두 갈래의 가모 씨

가야의 하타 씨와 일본의 겐지 무사

『신찬성씨록』에서는 신을 두 가지로 분류한다. 하나는 하늘이 내린 신인 천신(天神)이고, 다른 하나는 하늘의 신이 내려오기 전에 나라를 다스린 땅의 신인 지기(地祇)이다.

일본의 천황은 하늘이 내린 신의 자손이며, 천황과 관련된 신들은 모두 하늘의 신에 포함된다.

앞서 언급했듯이, 야마시로 가모의 선조인 가모타케츠누미노 미코토(가모명신)가 천황을 구했다.

『신찬성씨록』 야마시로국 신별(山城国 神別)

(진무 천황이) 야마토로 향할 때, 산중이 험준하여 산야를 헤매다 길을 잃었다. 이때 간무스비노 미코토(神魂命)의 손자 가모타케츠누미노 미코토(鴨建津之身命)가 큰 새로 변하여 날아올라 길을 안내, 드디어 야마토에 도착했다. 천황은 그 공로를 어여삐 여겨 특별히 포상하여 아메노 야타가라스(天八咫烏)라고 이름을 지어주었는데, 이것이 그 이름의 시작이다.

진무 천황이 규슈를 떠나 일본을 다스리기 위해 동쪽으로 향하던 중, 지금의 와카야마현의 숲속에서 길을 잃고 쓰러졌다. 그때 야마시로 가모 씨의 선조인 가모타케츠누미노 미코토가 큰 새가 되어 천황을 구했다. 천황은 그 공을 인정해 큰 새에게 야타가라스(天八咫烏)라는 이름을 하사했고, 이후에 야타가라스는 일본 황실과 깊은 관계를 가지게 되었다. 그래서 그의 후손인 야마시로 가모 씨는 하늘의 신으로 불리게 되었다.

한편, 가츠라기 고세에 바탕을 둔 야마토 가모 씨는 땅의 신으로 불리며, 야마시로 가모 씨와는 서로 다른 씨족으로 구분되었다.

이 주장을 바탕으로 두 씨족은 서로 다른 조상을 가진 별개의 씨족으로 여겨지지만, 일부 기록에서는 같은 뿌리를 가진 씨족이라는 주장도 있다. 학자들마다 의견이 다르기 때문에 정확한 결론을 내리기는 어렵지만, 같은 뿌리를 가진 사람들이라는 증거는 존재한다.

야마시로 가모 씨는 교토의 가모강 변에 가모 신사를 창건하는데 그 과정을 밝힌 기록이 있다.

『야마시로국 풍토기』 가모 신사(可茂の社)

히무카(日向) 소(曾)의 산정에 강림하신 신, 가모타케츠누미노 미코토는 진무 천황의 동정에 앞장서고, 야마토의 가츠라기산(葛木山)의 꼭대기에 머무셨다. 여기서 야마시로국의 오카다(岡田)의 가모(지금의 교토후 기즈가와시 가모쵸키타)에 이르렀다. 야마시로강(지금의 기즈강)을 따라 내려가 가츠라강과 가모강이 합류하는 곳에 이르러 강을 둘러보며 말하기를, '좁지만 맑고 깨끗한 이시가와(石川)이구나'라고 말씀하셨다. 그래서 이시가와의 세미노 오가와라고 이름 지었다. 여기에서 거슬러 올라가 구가노쿠니(久我の國)의 북쪽의 산록에 진좌하였다. 이후 이름하여 가모라 불렀다.

713년에 조정의 명으로 만들어진 『야마시로국 풍토기(山城国風土記)』는 교토 지방의 자연환경, 역사, 문화, 지리를 담은 책이다. 안타깝게도 지금은 책 전체가 남아 있지 않고, 일부만 다른 책에서 볼 수 있다.

야마시로 가모 씨의 선조인 가모타케츠누미노 미코토가 교토에 진출한 경로를 보면, 규슈 휴가(日向)→가츠라기 고세의 가츠라기산(葛木山)→교토 기즈가와 오카다(岡田)→교토 가도노강(葛野川)과 가모가와(鴨川) 합류 지점

가야의 하타 씨와 일본의 겐지 무사

→시모가모 신사 부근 세미노 오가와로 되어 있다.

다만 이 신이 첫 출발지인 규슈부터 진무 천황을 동행했는지 여부는 확실하지 않다. 만약 두 번째 경유지인 고세의 가츠라기산을 첫 출발지로 한다면, 이 산은 가츠라기 고세의 다카카모 신사의 바로 옆에 위치하고 있으며, 이곳은 가츠라기 가모 씨가 살던 곳이다.

다카카모 신사의 홈페이지에 올라와 있는 안내서에 따르면, "가모 일족은 전국에 넓게 퍼져 있고, 각 지역에서 가모의 신을 모신다. 가모(加茂, 賀茂)라는 이름을 가진 지역이 아키, 하리마, 미노, 미가와, 사도 등에 있고, 마을 이름으로 하는 곳은 수십 곳에 이른다. 그중에서 교토의 가모 대사(賀茂大社)가 가장 유명하며, 다카카모 신사는 일본 전국의 가모 신사의 총본

가모타케츠누미노 미코토의 교토 이동(이미지 출처: Open Street Map)

산이다"라고 적혀 있다. 이 말은 교토 시모가모 신사도 고세 다카카모 신사의 분사로, 두 신사는 같은 계통이라는 뜻이다.

이 사실은 야마시로 가모 씨가 처음 시작한 곳이 다카카모 신사 근처로, 이곳은 가츠라기 가모 씨가 살던 마을이라는 것을 의미한다. 따라서, 교토를 중심으로 한 야마시로 가모 씨와 가츠라기 고세를 기반으로 한 가츠라기 가모 씨도 같은 씨족일 가능성이 크다.

이러한 가능성을 뒷받침하는 역사가들의 연구 결과도 많이 있다. 우메다 슌이치는 "야마시로 가모 씨도 원래는 가츠라기 가모 씨였으며, 가츠라기 가모 씨의 인구 증가와 그 외의 사정으로 인해 일부가 이동한 것이 자연스러운 것이 아닐까 한다"고 말했다.

역사학자 나카무라 슈야는 기 씨(紀氏)의 예를 들어 씨족의 분리와 통합을 설명했다. 그는 "기이국(지금의 와카야마현)의 지방 호족인 기 씨는 가문이 살아남기 위해 기노 아타이 씨(紀直氏)를 고향에 두고, 교토에 동족인 기노 아손 씨(紀朝臣氏)를 보냈다. 이후 기노 아손 씨의 세력이 강해지자 고향의 기노 아타이 씨를 다시 받아들여 선조의 전승을 통합했다"고 말하며, 가츠라기 가모 씨와 야마시로 가모 씨의 관계를 설명했다.

이러한 연구 결과를 통해 가츠라기 가모 씨와 야마시로 가모 씨는 같은 가족이며, 가야에서 온 미와 씨와도 동족일 가능성이 높다. 그리고 가츠라기 고세에 살다 교토로 이주한 양산의 백성들과도 깊은 관계가 있다는 것을 부정하기 어렵다.

– 가모 씨와 하타 씨는 장인과 사위의 사이

가츠라기 소츠히코에 의해 양산의 백성들이 고세의 마을로 이주하였고, 80년 후에는 낙동강 변의 하타 씨가 양산 백성들의 마을 근처에 정착하게 되었다. 같은 고향을 가진 두 씨족은 머나먼 타향에서 형제와 같이 서로 돕고 협력하였다.

마요와 왕의 변란 때문에 두 씨족은 교토로 옮겨갔으나, 가츠라기에서 시작된 두 씨족의 친밀한 관계는 교토에서도 계속되었다. 하타 씨와 가모 씨 가문이 같은 전승을 지니고 있다는 사실은 이들의 친밀함을 보여주는 좋은 예이다.

「본조월령 하타 씨 본계장(本朝月令 秦氏本系帳)」

전해지기를, 처음에 하타 씨의 딸이 가도노강에 나가 빨래를 하고 있었는데, 화살 하나가 상류에서 떠내려왔다. 딸은 화살을 주워 침대 위에 꽂아 두었다. 딸은 남편 없이 임신을 하고 아들을 낳았다. (생략) 어느 날 할아버지가 손자의 아버지를 알고 싶어 잔치를 벌인 후, '너의 아버지에게 술을 올려라'라고 일렀다. 어린 소년은 다른 사람을 가리키지 않고 하늘을 우러러본 다음, 침상 위의 화살을 가리켰다. 그러고는 바로 번개가 되어 지붕을 꿰뚫고 하늘로 올라가 버렸다. (생략)

이런 연유로 하타 씨는 세 군데(가미가모 신사, 시모가모 신사, 마츠오 대사)의 신을 제사 지냈다. 가모 씨가 하타 씨의 사위가 된 후, 사위를 어여삐 여겨 하타 씨는 가모 축제를 시작으로 가모 씨에게 제사를 넘겨주었다. 지금 가모 씨가 네기(禰宜)가 되어 제사를 지내는데, 이런 연유가 있었기 때문이다.

「하타 씨 본계장」은 하타 씨의 큰집인 고래무네 키미가타(惟宗公方)가 만든 『본조월령(本朝月令)』이란 책 속에 수록되어 있다. 이 책이 나온 시기는 확실하지 않으나 대개 900년대 초반으로 보이며, 당시 연중행사의 유래와 내용, 진행 방법 등을 적어 놓았다. 그리고 하타 씨는 883년에 고래무네라는 성씨를 천황으로부터 내려 받아, 하타 씨의 큰집이 되었다.

하타 씨 딸이 가도노강(지금의 가츠라강)에서 흘러온 화살을 주워 침실에 꽂아 두었는데, 임신을 하여 아들을 낳았다. 외할아버지는 이상하게 여겨 아기의 아버지를 찾아보니 그 아버지가 바로 하타 씨가 창건한 마츠오 대사의 신인 마츠오 대명신임을 알게 되었다. 이를 계기로 가모 씨가 하타 씨의 사위가 되고, 하타 씨는 가미가모 신사, 시모가모 신사, 마츠오 대사의 제사를 가모 씨에게 맡기게 된다.

한편 가모 씨 가문에서도 하타 씨 가문과 비슷한 내용의 전승을 가지고 있다.

「야마시로 풍토기 일문(逸文)」「야타가라스」 항목

다마요리 히메(玉依日売)가 이시가와의 세미노 오가와에서 물놀이를 하고 있을 때, 붉은 화살이 강 상류에서 떠내려왔다. 화살을 주워서 침대 위에 꽂아 두었다. 갑자기 임신하여 아들을 낳았다. 점점 아이가 성장하자 (생략) 외할아버지 다케츠누미노 미코토가 '너의 아버지라고 생각되는 사람에게 이 술을 마시도록 하여라'고 했다. 아이는 바로 잔을 들어 하늘을 향해 잔을 올리고, 지붕의 기와를 뚫고 하늘로 올라가 버렸다. 그리하여 외조부의 이름에 따라 가모와케 카미나리노 미코토(可茂別雷命)라 이름 지었다. 소위 말하는 붉은 화살은 오토쿠니(乙訓)의 절인 마츠오 대사에서 모시는 호노 이카츠치노 미코토(火雷命)이다.

『야마시로국 풍토기』를 보면, 가모타케츠누미노의 딸 다마요리 히메가 「하타 씨 본계장」의 내용과 같은 경험을 하게 된다. 딸인 다마요리 히메가 가모강 변에서 놀고 있을 때 아름다운 화살이 흘러 내려와 몸 가까이에 붙었다. 화살을 주워 침대 위에 꽂아 두었더니 밤이 되어 남자로 변하여 다마요리 히메는 임신을 했다. 아들을 낳았으나 결국에는 아버지를 알 수가 없었다. 외할아버지는 아기의 아버지를 찾기 위해 술을 만들어 아이에게 건네며, 그 잔을 아버지에게 바치도록 했다. 아이는 잔을 들어 하늘을 향해 흔들면서 말했다. -"나는 천신의 아들이다. 지금 하늘로 오를 것이다."

두 가문이 서로 같은 전승을 지니고 있다는 옛 서적의 기록에 대해 에도시대의 국문학자 반 노부토모(伴信友)는 「하타 씨 본계장」의 설화는 가짜임을 지적하면서 강하게 비난했다. 그는 가모타케츠누미노 신의 딸인 다마요리 히메를 하타 씨의 딸로 바꾸고, 하타 씨를 가모타케츠누미노 신의 후예로 교묘하게 바꾸려 했다고 주장했다. 또 가모강을 마츠오 대사 근처의 가도노강으로 바꾸고, 가모 씨에게 가미가모, 시모가모 신사의 제사장 자리를 양보했다는 것도 엉터리라고 말했다. 그는 하타 씨가 자신들의 비천한 외국 성씨를 숨기고, 하늘의 신인 가모타케츠누미노의 자손인 척하려 했다고 비난했다.

이런 반 노부토모의 비난에 대해 역사학자 히고 가즈오(肥後和男)는 "이와 같은 이야기는 결코 일반적인 역사가 아닌, 하나의 신화로 보아야 한다. 따라서 가모 씨만(이런 전승을) 가지고 있고, 다른 씨족에게는 절대로 있을 수 없다는 것은 오히려 불가능한 일이다. 각 지방, 부락, 씨족들이 각자 자신의 지방, 부락, 씨족에게 일어났던 일이라고 전하는 것은 충분히 있을 수 있는 일이다"라고 반대의 주장을 했다.

학자들은 서로 다른 의견을 가지고 있을 수 있다. 그리고 자신의 의견을 주장하기 위해서 연구 결과나 학문적 근거를 제시하기 마련이다.

가야의 하타 씨와 일본의 겐지 무사

– 교토에서 가장 유명한 가모제(賀茂祭)는 가모 씨와 하타 씨의 공동 축제

    두 씨족의 친밀한 관계를 보여주는 또 다른 예는 927년에 만들어진 당시의 법령 규정집인 『연기식(延喜式)』에서 찾을 수 있다.

『연기식』가모 축제 항목

下社. 上社. 松尾社. 社別禰宜. 祝各一人. 下上両社. 各物忌一人

(시모가모사, 가미가모사, 마츠오사, 각 사별로 네기(禰宜), 하후리(祝) 각 1명씩. 상하 양
신사는 남자 어린이 혹은 여자 어린이 1명씩 제공한다.)

    가모 축제는 매년 5월에 교토의 가미가모 신사와 시모가모 신사에서 열리는 축제로, 아오이 축제(葵祭)라고도 불린다. 이 축제는 698년 3월 21일에 많은 사람들이 모이는 가모 축제에서 말 위에서 활을 쏘는 행위를 금지했다는 기록이 『속일본기』에 남아 있을 정도로 인기 있는 축제였다. 800년대부터는 국가 행사의 하나로 여겨질 정도로 역사가 깊으며, 당시에는 축제라고 하면 가모 축제를 말할 정도로 유명했다. 지금도 교토의 3대 축제 중 하나로 많은 사람의 사랑을 받고 있다.

    한 가지 재미있는 사실은 가모 신사의 가문(家紋-가문의 상징)과 에도막부의 창설자 도쿠가와 이에야스의 가문이 비슷하다.

가모 신사 가문   도쿠가와 가문

그 이유는 도쿠가와의 본래 성씨가 마츠다이라 씨(松平氏)로, 현재의 아이치현인 미가와국 가모군 마츠다이라 마을에 있던 가모 신사에 종사하던 가문이었기 때문이다.

위의 『연기식』 규정은 가미가모 신사, 시모가모 신사, 마츠오 대사가 공동으로 개최하는 축제에 관한 것으로, 각 신사에서는 제사관인 네기(禰宜)와 신사 관리인인 하후리(祝)를 한 명씩 참가시켜야 한다는 내용을 담고 있다. 가모 씨 행사에 마츠오 대사를 창건한 하타 씨 가문도 같은 수의 인원을 제공해야 한다는 규칙이 옛날부터 문서로 정해져 있다는 것은 원래 이 가모 축제가 두 가문의 공동 축제임을 나타낸다.

두 가문의 친밀한 관계를 보여주는 또 다른 예로는 '양자 입양설'이 있다. 대대로 후시미 이나리 신사의 제사를 담당하는 '오니시 가문(大西家)'의 계보에 따르면, 교토의 마츠오 대사를 창건한 하타 씨 가문의 '하타 토리(秦都理)'와 전국 3만 개 이나리 신사의 총본산인 후시미 이나리 대사(伏見稲荷大社)를 지은 '하타 이로구(秦伊呂具)'는 본래 가모 씨 태생이었으나 이후 하타 씨의 양자가 되었다고 한다.

이나리 대사의 홈페이지에 있는 「오니시 가계도(大西家系図)」를 보면 "하타 이로구는 가모타케츠누미노 미코토의 24세손인 가모 아가타누시노 쿠지라(賀茂県主久治良)의 막내아들로, 711년 임오(壬午)에 이나리 명신이 진좌할 때 제사장이 되었다"고 하므로, 원래는 하타 이로구가 가모 가문의 자손이었음을 알 수 있다.

한편 홈페이지 연혁의 설명문에는 "하타 씨는 야마시로국의 유서 있는 호족인 가모족과 일찍이 혼인관계를 맺고, 마침내 가모 아가타누시(賀茂県主-야마시로 가모 씨)의 자손이라고 스스로 말했다"고 적혀 있다. 이는 가모 씨가 하타 씨의 양자가 되었다는 하타 씨 가문의 주장과는 반대되는 입장이다. 이 주장은 한반도에서 건너온 하타 씨가 높은 신분의 가모 씨를 이용해 신분 상승을 꾀했다는 것을 시사한다. 하늘의 신으로 알려진 야마시로 가모 씨의 입장에서 보면 이해가 되는 부분이기도 하다.

그러나 양가가 혼인관계를 맺고, 하타 씨는 사위인 가모 씨에게 제사권을 넘겼다는 「하타 씨 본계장」의 내용과 가모 축제에 대한 『연기식』의 규정, 그리고 하타 씨의 양자 입양에 대한 기록들을 살펴보면, 두 씨족이 오랜 세월 속에 같은 생활권 내에 머물며 혼인 관계, 양자 관계 등을 통해 가족과 같은 사이를 유지하며 함께 성장해 왔다는 사실을 알 수 있다.

1800년 전, 가츠라기 소츠히코에 의해 낙동강 변에서 가츠라기 고세로 옮겨온 가모 씨는 마요와 왕의 변란 때문에 교토 분지로 피난을 하였고, 가모강 변에 이르게 된다. 가모 씨는 오타타네코를 선조로 하는 가츠라기 가모 씨와 진무 천황을 도운 가모타케츠누미노 미코토를 선조로 하는 야마시로 가모 씨로 구별하여 서로 다른 씨족이라 한다.

그러나 가모타케츠누미노 미코토의 교토 진출 경로를 보면, 그 출발지가 고세의 가츠라기산이다. 또한 야마시로 가모 씨가 세운 교토의 가미가모 신사와 시모가모 신사의 총본산이 가츠라기 고세에 있는 다카카모 신사인 점을 상기하면, 가츠라기 가모 씨와 야마시로 가모 씨는 같은 계통으로 여겨진다. 따라서 마요와 왕의 변란에 의해 교토로 떠난 가츠라기 가모 씨가 바로 야마시로 가모로 변한 것이 아닌가 추정된다.

두 집안이 혼인 관계를 맺고, 하타 씨는 사위인 가모 씨에게 제사권을 넘겼다는 「본계장」의 내용에 이 『연기식』의 기록을 더한다면 두 씨족의 관계를 위조라고 비난한 주장은 받아들이기 어렵다.

가야의 하타 씨와 일본의 겐지 무사

6

신라명신과 한반도
동해안의 이주민

시가현에는 일본에서 가장 큰 호수인 비파호(琵琶湖)가 있고, 그 부근의 오츠시(大津市)에 천태종 계열의 원성사(園城寺)가 있다. 삼정사(三井寺)라고도 하는데, 이곳의 신라선신당(新羅善神堂)에 신라명신이 모셔져 있다.

먼저 시가현은 어떤 특성을 지닌 지역인지 알아보자.

– 한반도 이주민의 왕국, 시가현

　『일본서기』를 보면, 스이닌 천황 28년(기원전 2년으로 추정)에 대가야의 왕자라는 츠누가노 아라시토(都怒我阿羅斯等)가 후쿠이현 츠루가 만에 나타났다. 이 왕자는 대가야 출신이므로 거제, 혹은 고령을 출발하여 해류를 따라 야마구치현 나가토에 도착한 후, 이즈모를 거쳐 츠루가 만에 도착한다. 그다음에는 시오즈 가도(塩津街道)를 따라 비파호까지 약 20km를 이동해서 시가현에 들어갔을 것이다. 이와 같이 한반도 사람, 특히 동해안 지역의 이주민들은 리만해류, 대마해류를 타고 이 지역에 도착할 수 있었다. 그래서 이 지역에는 한반도 동해안 출신의 이주민들이 많이 거주하여, '도래인의 왕국'이라고 불리기도 했다.

　특히 시가현 에치군(愛知郡)에는 하타 씨가 많이 모여 살았다. 이시하라 스스무 · 마루야마 류헤이는 『고대 오미의 조선(古代近江の朝鮮)』에서 정창원 문서, 동대사 문서, 속일본기, 신찬성씨록 등의 기록에 보이는 고대 시가현의 한반도 출신 이름을 분석했다. 총 343명의 이주민 중 60%인 205명이 하타 씨며, 그중에 180명이 에치군에 살았다. 그래서 이곳을 규슈의 미야코군, 치쿠죠군, 시모게군과 더불어 또 하나의 '하타 씨 왕국'이라 불러도 모자람이 없다.

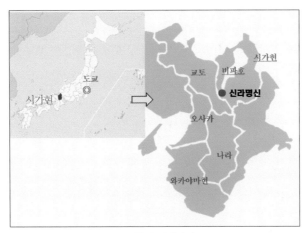

시가현의 신라명신

에치군에 하타 씨가 많이 모여 살았던 이유는 에치강가의 제방을 쌓기 위해 한반도에서 건너온 하타 씨들을 동원했기 때문이다.

역사적으로 보면 이 지역에 보내진 한반도 이주민은 하타 씨뿐만 아니라 백제가 멸망한 이후 일본으로 망명한 백제인들도 있었다.

663년 10월에 일본은 백제를 다시 일으키기 위해 170척의 배와 5만 명의 군사를 한반도에 보냈다. 하지만 신라와 당나라의 연합군에게 금강 앞바다에서 크게 패하고 말았다. 이때 많은 백제인들이 일본으로 망명을 했다. 이들은 에치강 왼쪽에 있는 간자키군과 가모군에 보내졌다. 『일본서기』에는 이와 관련된 기록이 남아 있다. 665년 2월 덴치 천황 때에는 백제인 남녀 400여 명을 간자키군에 이주시켰고, 669년에는 백제인 700명을 가모군에 이주시켰다고 한다.

역사상 에치군에서 가장 잘 알려져 있는 인물은 에치하타노 미야츠코 다쿠츠(朴市秦造田来津)이다. 『일본서기』에 따르면, 에치하타는 661년 9월,

사이메이 천황 때에 일본에서 귀국하는 백제 의자왕의 다섯째 아들 부여 풍장(扶余豊璋, 부여풍)을 병사 5,000명과 함께 백제까지 동행했다. 2년 후에 벌어진 '백촌강의 전투(白村江の戰い)'에 참전해 충남 서산에서 장렬하게 전사했다.

시가현 다카시마시(高島市) 근처에는 오래된 유적들이 많이 남아 있다. 이 유적들에서 발견된 목간(나무나 대나무에 쓰인 문서)에는 하타 씨의 이름이 많이 적혀 있다. 이를 통해 하타 씨가 이 지역에서 활발하게 활동했다는 것을 알 수 있다.

시가현 오츠시에 있는 원성사에도 하타 씨와 관련된 기록이 남아 있다. 원성사에는 미오대명신(三尾大明神), 신라명신, 백산명신(白山明神)의 3대 수호신이 있다. 이 신들을 모시는 제례가 매년 3월 2일 이곳에서 거행되었는데, 『오우미국 여지지략(近江国興地志略)』이라는 책에는 "하타노 카와카츠(秦川勝)의 자손인 오미쿠니라는 사람이 처음으로 제사장이 된 이래, 하타 씨 자손만이 이 자리를 상속한다"고 되어 있다.

이렇게 시가현에서 한반도 이주민들의 기록이 많이 나오는 이유는 그만큼 많은 이주민들이 이 지역으로 옮겨와 살았다는 것을 말한다.

가야의 하타 씨와 일본의 겐지 무사

– 고대 일본 최대의 전란, 임신의 난(壬申の乱)이 시가현에서 벌어지다

고대 일본 최대의 변란이라고 불리는 임신의 난이 이곳 시가현에서 일어났다.

앞서 말한 대로, 뒤에 덴치 천황(天智天皇)으로 즉위하는 나카오에 왕자는 후지와라 가문의 시조인 나카토미 가마타리와 함께 을사의 변을 일으켜 소가 가문을 없앴다. 그 후 어머니인 교코쿠 천황이 그에게 왕위를 계승하라고 했지만, 이를 거절하고 황태자의 신분을 유지했다. 그는 백제를 지원하는 외교를 펼쳤는데, 663년 금강 어귀에서 벌어진 백촌강의 전투에서 패배했다. 당나라와 신라가 일본을 공격할 것이라는 두려움에 황태자는 신하들의 반대를 무릅쓰고 수도를 시가현 오츠(大津)로 옮겼다. 이후 667년에 38대 덴치 천황으로 즉위하여 새로운 제도를 도입하고 일본 최초의 호적을 만들었다.

671년 덴치 천황이 병으로 쓰러지자, 아들인 오토모(大友) 왕자의 미래가 걱정되었다. 그래서 동생이며 후에 덴무 천황이 되는 오아마 왕자(大海人皇子)에게 왕위를 이어줄 것을 부탁했다. 하지만 오아마 왕자는 이를 거절하고, 머리를 깎고 스님이 되어 요시노(吉野)라는 깊은 산속으로 들어가 버렸다. 사실은 오아마 왕자가 덴치 천황을 만나기 전에, 그의 측근들은 덴치 천황이 왕자의 속마음을 떠보기 위해 왕위를 주겠다고 제안할지도 모르니 함부로 받아들이지 말라는 조언을 했다. 오아마 왕자가 요시노로 피

신하는 것을 보고 덴치 천황의 신하들은 호랑이에게 날개를 달아주고 들판에 풀어주었다고 아쉬워했다.

672년 1월, 덴치 천황이 46세로 사망하자 황태자 오토모 왕자와 삼촌 오아마 왕자 사이에 왕위를 둘러싼 싸움이 시가현의 전 지역에서 벌어졌다. 이 싸움에서 패한 오토모 왕자는 집으로 돌아와 자결한다. 다음 해 2월, 오아마 왕자는 수도를 다시 나라로 옮기고 40대 덴무 천황(天武天皇)으로 즉위했다.

『일본서기』에는 덴무 천황에 관한 기록의 양이 다른 천황에 비해 비교가 안 될 정도로 많지만 출생에 대한 기록이 없다. 덴무 천황은 덴치 천황의 동생으로 알려져 있지만, 일본 역사학자 중에는 두 사람이 형제가 아니며, 덴무 천황이 덴치 천황보다 나이가 많다고 주장하는 사람도 있다.

우리나라 역사에는 나오지 않지만,『일본서기』647년 교토쿠 천황 시절에 신라 김춘추가 인질로 일본에 머물렀다고 하며, 649년 5월에는 김춘추를 대신하여 신라의 왕족 김다수(金多遂)가 일본에 왔는데, 어떤 사람들은 이 김다수가 덴무 천황이라고 주장하기도 한다.

『일본서기』에서 김다수에 대한 기록을 보면,

"이해 신라 왕이 사탁부 사찬 김다수(沙喙部沙湌 金多遂)를 보내 인질로 삼았다. 따라온 사람은 37명이다. 스님 1명, 시랑 2명, 승(丞) 1명, 달관랑(達官郎) 1명, 중객(中客) 5명, 재기(才伎) 10명, 통역사(譯語) 1명, 하인(傔人) 16명, 모두 37명이다."

이런 자세한 기록이 있어 김다수가 일본에 온 것은 사실인 것으로 보이나, 그가 덴무 천황이라는 주장은 아무런 근거가 없다. 그래서 상상이나 추측일 뿐이라고 생각된다.

권력을 잡은 덴무 천황은 천황을 중심으로 한 강력한 중앙집권 국가를 만들었다. 흔히 충남 서산에 5만의 병력을 파견하여 백제를 지원한 덴치 천황과 신라를 지원한 덴무 천황을 서로 비교하는데, 현재의 일본 천황가는 덴치 천황의 혈통을 이어받고 있다고 한다.

– 신라명신은 어디에서 왔는가?

일본의 수많은 신사 중에 22개의 중요한 신사가 있다. 1793년에 간행된 일본 역사와 국학 총서인 『군서류종(群書類從)』에는 일본 조정에서 특별히 공물을 바치는 '22사 주식(二十二社註式)'이라는 명단이 나와 있다. 나라의 중요한 일이나 천재지변이 일어났을 때, 일본 조정에서는 이 신사들에 공물을 바치고 기원을 했다. 그러나 신라명신이 있는 원성사는 이 명단에 들어 있지 않다.

신라명신의 기원에 대해서는 여러 가지 학설이 있다. 그중 대표적인 것은 다음과 같다.

① 고대 시가현에 살았던 신라인이 모시던 신

② 이 지역의 세력가 오토모 스구리(大友村主) 집안이 모시던 신

③ 당나라 유학파 스님 엔친이 귀국할 때 배 위에 나타났던 신

④ 천태종 사문파(寺門派)와 산문파(山門派)가 서로 싸울 때, 산문파가 모시는 적산명신(赤山明神)에 맞서기 위해 사문파가 만든 신

⑤ 장보고의 화신 등의 설이 있다

첫 번째 주장은 가장 일반적인 학설이다. 아주 오랜 옛날부터 한반도에서 많은 사람들이 이곳으로 건너왔고, 그들이 이 지역에 살면서 대대로 신

가야의 하타 씨와 일본의 겐지 무사

라명신을 모셨다는 설이다.

두 번째 주장은 신라명신이 옛날 시가현의 호족 오토모 스구리 가문이 모시던 신이라는 학설이다. 이 주장의 근거는 『일본서기』와 『속일본기』에 나온다.

『일본서기』에는 289년에 아치노 오미(阿知使主)가 17현의 백성을 이끌고 일본에 귀화했다는 기록이 있다. 『속일본기』에는 아치노 오미가 후한 영제의 후손으로 중국에서 조선의 대방 땅을 거쳐 7종류의 성을 가진 백성을 이끌고 일본에 귀화했다는 기록이 있다.

이 7종류의 백성 이외에도 백제와 고구려에 남아 있던 백성 중에 니시 오토모 스구리라는 씨족이 있다. 이들이 잠시 신라에 머물 때 모시던 신이 일본으로 건너와 신라명신이 되었다는 주장이다.

원성사가 있는 시가현 오츠시(大津市)와 다카시마시(高島市)는 예로부터 오토모 씨족이 많이 거주하던 지역이다. 시가현의 향토 지리서인 『오우미(近江)』를 보면 이 지역에 오토모 아야히토, 오토모베, 오토모 스구리, 오토모 오사, 오토모 후히토, 오토모 씨, 오토모 쿠와하라 후미, 오토모 단파후히토 등의 오토모 일가가 살았고, 이들은 상당한 세력을 지니고 있었다.

세 번째 주장은 일본에서 가장 많이 알려진 학설이다.

신라명신은 지증대사 엔친(円珍)이 858년에 당나라로부터 일본에 귀국할 때 배 위에 처음 나타났고, 뒷날 엔친이 신라명신을 시가현의 원성사의 수호신으로 모셨다고 전해진다.

네 번째 주장은 일본의 천태종이 원성사를 중심으로 하는 사문파(寺門派)와 연력사(延曆寺)를 중심으로 하는 산문파(山門派)로 나뉘어 대립할 때, 산문파가 모시는 적산명신에 대항하기 위해 사문파가 신라명신을 만들었다는 설이다.

일본의 천태종은 두 개의 파벌로 나뉘어 있었다. 하나는 엔친을 중심으로 하는 사문파였고, 다른 하나는 엔닌을 따르는 산문파였다. 이 두 파벌은 천태종의 주도권을 놓고 오랫동안 경쟁하였다. 이 과정에서 스님의 수가 많았던 산문파는 자주 원성사를 공격하여 불태웠고, 두 파벌의 싸움은 귀족과 무사들까지 끌어들였다. 이들은 자신이 지지하는 파벌을 위해 무기를 들고 싸웠다. 1945년이 되어서야 사문파가 천태 사문종으로 이름을 바꾸어 독립하였다.

다섯 번째 주장은 신라명신이 장보고의 화신이라는 학설이다.

이와 관련된 논문은 한국에서 수백 편이 발표됐다. 김태도는 "중국의 산동 지방뿐만 아니라 북규슈 방면에서도 영향력을 가진 장보고의 신라 해상세력 위용이 설화가 되어 엔친에 의해 신라명신으로 화현했다"라고 주장했고, 이병노는 "엔닌(円仁)과 엔친이 적산명신과 신라명신을 일본으로 모셔온 것은 장보고에 대한 감사와 은덕을 칭송하기 위한 것"이라고 했다. 그리고 작가 최인호는 소설 『해신(海神)』에서 원성사 신라명신을 직접 방문하고, 이 신이 바로 장보고의 화신이라 적었다. 이 소설은 대하 드라마로도 방영됐다.

하지만 이러한 주장들에 대한 반론도 만만치 않다.

첫 번째 주장은 명확한 근거가 없다는 점이 문제이고, 두 번째 주장은 오토모 스구리 이전에 세워진 절터가 지하에 묻혀 있는 것이 확인되어, 신라명신이 오토모 가문만의 신이라는 주장은 맞지 않는다는 점이 있다. 세 번째 주장에는 엔친과 신라명신의 설화가 후세의 창작이라는 반론이 있으며, 네 번째 주장에 대해서는 971년에 신라명신이 도입되고, 993년에 적산명신이 세워졌으므로 적산명신에 대항하기 위해 신라명신을 세웠다는 주장은 맞지 않는다는 반론이 있다. 마지막으로 다섯 번째 주장은 한국에서는 많이 연구되어 있지만, 엔친·신라명신과 장보고의 시기가 맞지 않는다는 어려운 점이 있다.

이처럼 신라명신의 기원에 대해서는 여러 가지 학설이 있지만, 정확한 기원은 아직 밝혀지지 않았다. 그러나 츠누가노 아라시토 왕자의 예에서 보는 것처럼, 아주 오래전부터 한반도, 특히 동해안 부근에 살던 사람들이 바다를 따라 일본의 츠루가 만에 도착했다. 그들은 비파호의 서쪽 부근과 시가현에 모여 살았고, 이곳을 도래인의 왕국이라고 불렀다. 이 이주민들이 모신 신이 신라명신이라고 보는 것이 타당할 것이다.

– 신라명신은 어떤 신인가?

원성사 북쪽 숲속에 있는 신라선신당에는 나무로 만든 신라명신 좌상이 모셔져 있다. 이 좌상은 정자관을 쓰고 흰 수염을 길게 기른 노인이 미소를 짓고 있는 모습이다. 깊게 파인 이마의 주름과 아래로 처진 눈매, 붉은 입술을 보면 다른 신들과는 생김새가 많이 다르다. 그래서 이 신을 보는 사람들은 이 신의 정체를 궁금해한다.

앞서 말한 것처럼, 신라명신의 기원에 대해서는 여러 가지 의견이 있지만, 아직 확실하게 밝혀지지 않았다. 하지만 만약 일본의 다른 지역에서도 신라명신을 모신 곳이 있다면, 그곳에 사는 사람들의 환경과 직업을 살펴보면, 이 신이 어떤 신인지 더 잘 알 수 있을 것이다.

그러나 전국에 흩어져 있는 신라명신을 찾아내기는 어렵다. 예전에는 신라명신을 모시던 절이나 신사가 있었지만, 지금은 없어졌거나 다른 신사와 합쳐진 경우도 있다. 또 메이지 유신 이후에는 신도(神道)와 불교를 분리(神仏分離)하는 정책 때문에 정리되기도 했기 때문이다.

일본의 신불분리 정책이란 메이지 유신 이후 일본 정부가 추진한 정책으로, 신도와 불교를 분리하는 것을 목적으로 했다. 이전까지 일본에서는 신도와 불교가 융합되어 있었는데, 이를 분리하여 국가의 종교를 신도로 통일하고자 했다. 이를 위해 절을 없애고 스님들을 환속시켰다.

특히 가고시마현에서는 민족주의적 학풍을 중요시하는 국학의 보급이

다른 지역에 비해 지나치게 강조되어 1,616개의 사찰이 파괴되고 2,964명의 승려가 환속하는 일이 벌어졌다.

그리고 1906년에는 신사와 절을 합치는 신사합사(神社合祀) 정책이 발표되어 전국에 있던 신사 중 7만 개가 파괴되었다. 그 결과, 예전부터 신라명신을 모시던 절과 불상은 거의 사라져서 그 흔적을 찾기가 어려워졌다. 하지만 다행히도 일부 기록에 신라명신이 있던 곳의 정보가 남아 있어서 그 기원을 찾아볼 수 있다.

– 후쿠이현 남죠군 이마죠(福井縣南条郡今庄)의 신라명신

이마죠 마을의 신라명신은 1925년 출판된 전국 신사의 목록인『특선신명첩(特選神名牒)』에 기록되어 있다. 이 책의 후쿠이 번신사(蕃神社: 외국에서 온 신을 모시는 신사) 조사서에 따르면 남죠군 이마죠 마을에는 외국에서 온 신을 모시는 신라신사가 있으며, 그 주변에는 시라키강(白鬼川 혹은 叔羅川)이 흐르는데, 이 강은 신라를 뜻하는 이름이다.

또한 1816년에 쓰인『에치젠 명적고(越前名蹟考)』에도 이마죠 마을의 신라명신사가 오래전부터 이곳에 있었고, 1615~1624년 사이에 수리했다는 기록이 있어 이곳에 신라명신이 모셔져 있었다는 것을 알 수 있다.

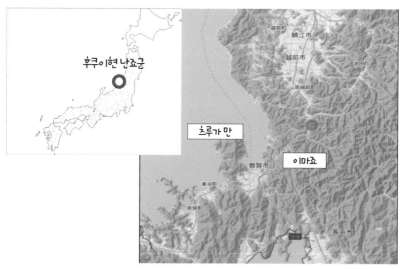

후쿠이현 난죠군 이마죠의 신라명신(이미지 출처: Open Street Map)

가야의 하타 씨와 일본의 겐지 무사

이 마을 부근에는 지금도 후쿠이 광산, 난죠 광산, 이마죠 광산이 있다. 1912년에 펴낸 『후쿠이현 난죠군 요람』을 보면 그때에도 옆 동네인 소마야마(杣山) 마을에는 금 · 은 · 동을 캐는 7개의 광산이 있었다 한다. 지금도 이 지역에는 이모노시(鑄物師), 가네가스(金粕) 등의 쇠와 관련 있는 마을 이름이 남아 있다. 이모노시는 주물공, 가네가스는 금을 얇게 늘이는 작업을 말하는데, 이는 이 지역에 광부나 주물공, 대장장이 같은 직업을 가진 사람들이 모여 살았다는 것을 알려준다.

– 시마네현 니타군 오쿠이즈모쵸(島根県仁多郡奥出雲町)의 신라명신

시마네현 이즈모는 한반도 독도를 마주 보고 있어 동해안을 출발하여 해류를 따르면 자연히 도착하는 지점이다.

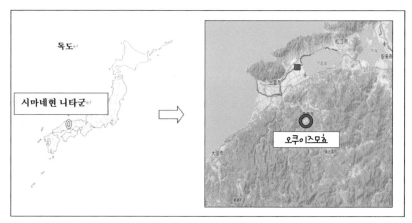

시마네현 오쿠이즈모쵸의 신라명신(이미지 출처: Open Street Map)

시마네현의 신라명신은 나카유노무라(中湯野村)라는 마을에 있다. 이 마을에는 일본 신화에도 등장하는 도리가미센츠산(鳥髪船通山)이 있다.

『고사기』

스사노오노 미코토(素戔嗚尊)는 쫓기어 이즈모국의 히노강 상류의 도리가미(鳥髪)라는 땅에 내렸다.

가야의 하타 씨와 일본의 겐지 무사

『일본서기』

스사노오노 미코토는 아들 이소타케루(五十猛)를 이끌고 신라국에 강림하여 소시모리(曾尸茂梨)에 살았다. 시간이 지나 말하기를, '나는 이 땅에 살고 싶지 않구나'라고 말하고는 흙으로 배를 만들어 바다를 건너 이즈모국의 히노강의 상류에 있는 도리가미노 미네(鳥上峯)에 내렸다.

스사노오노 미코토는 신라에서 일본으로 돌아온 신으로, 일본 최고의 신인 아마테라스 오미카미의 남동생이다. 이 신이 일본에 처음으로 도착한 곳은 히이강(斐伊川) 상류에 있는 나카유노무라 마을의 도리가미센츠산이다.

에도시대의 국어학자 반 노부토모의 「중외경위전초고(中外経緯傳草稿)」에는 나카유노무라에 신라대명신 신사가 있다고 나온다. 그리고 일본의 지리를 다룬 『대일본지지대계(大日本地誌大系)』라는 책에는 이 신사의 역사는 알려지지 않았지만, 제사를 지내는 날은 9월 13일이라고 한다. 이를 통해 이곳에 신라명신사가 있었다는 것을 알 수 있다.

신화시대의 스사노오의 전승이 남아 있는 마을인 나카유노무라에 신라명신이 있었던 사실은 이 마을이 옛날부터 한반도와 깊은 관계가 있음을 말하고 있다.

신라명신이 있었던 니타군 오쿠이즈모쵸에는 지금은 폐광된 고마키 광산, 히다치 토리가미 광산이 있었고, 현재 도리가미 히이가와 광산, 도리가미 하나이다니 광산, 도리가미 철광산이 작업을 하고 있다. 즉, 신라명신이 모셔진 곳은 오래전부터 철광산 지역이었다.

– 효고현 히메지시(兵庫県姫路市)의 신라명신

효고현 히메지시에는 세 군데에 신라명신이 모셔져 있다. 우선 히메지시 시고쵸 아케다(姫路市四郷町明田)에 '아케다 신라대명신'이 있다.

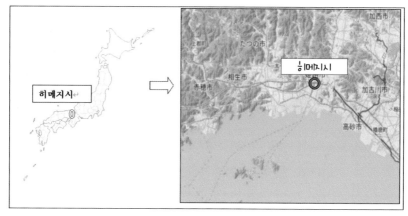

효고현 히메지시의 신라명신

아케다 신라명신사에서 북쪽으로 올라가면 신라명신을 모시고 있는 시라쿠니 신사(白国神社)와 히로미네 신사(広峯神社)가 있다. 일본 전국의 신사 목록인 『특선신명첩』에는 시라쿠니 신사는 옛날 신라인들이 방문했을 때 머물던 곳으로 이곳을 신라의 나라라 불렀고, 신라인의 조상을 모시던 곳이라 한다. 전국의 우즈 천황(牛頭天王)을 모시는 신사의 총본산인 히로미네 신사는 옛날에는 이 신을 신라명신이라 부르고 모셨다고 한다. 우두 천황은 신라에서 돌아온 스사노오를 가리킨다.

가야의 하타 씨와 일본의 겐지 무사

히메지시에는 지금도 열쇠를 뜻하는 가기마치(鍵町), 대장장이 마을인 가지마치(鍛冶町), 칼을 만드는 가타나데 마치(刀出町), 철물을 다루는 가나야쵸(金屋町) 등의 철과 관련 있는 마을 이름이 많이 남아 있다. 히메지 이모노시쵸(姬路鑄物師町)도 대장장이 마을이다. 이들은 주위에서 생산되는 철을 사용하여 무기, 농구, 용기 등을 만들었다. 특히 노자토쵸(野里町)에서 만든 하리마 냄비(播磨鍋)는 동경까지 팔려나갔을 정도로 유명했다.

그러므로 히메지시의 신라명신도 철을 캐던 광부와 이 철을 사용하여 철물을 만들던 사람들이 모셨던 신이라는 것을 알 수 있다.

– 오츠 원성사(大津園城寺)의 신라명신

덴치 천황은 667년 3월 19일에 수도를 나라의 아스카에서 시가현 오츠로 옮긴 후, 그다음 해 봄에 즉위했다. 『일본서기』 670년 덴치 천황 때 "이해, 수력을 이용한 절구를 만들어 쇠를 녹였다"는 기록이 있다. 이를 통해 7세기 중반부터 이 지역에서 이미 철 생산이 이루어졌다는 것을 알 수 있다.

덴치 천황이 663년 10월 충남 서산의 백촌강(금강 유역) 전투에서 패한 후 수도를 오츠로 옮긴 이유는 다양하다. 그중 하나는 당과 신라 연합군의 침공에 대비해 무기를 만들 수 있는 화강암 지역으로 수도를 옮겼다는 설이다.

실제로 화강암 지역으로 뒤덮인 시가현에는 수십 개의 일본 고대 제철 유적이 남아 있다.

먼저 비파호 서쪽인 오츠시부터 남부 지역 구사츠시(草津市)에 걸쳐 화강암이 넓게 묻혀 있다. 이 지역에는 남고(南鄕) 제철 유적, 세다(瀬田) 겐나이 토우게 제철 유적, 구사츠시 노지쵸 제철 유적 등 이 지역에 약 20여 개의 고대 제철 유적이 남아 있다. 그리고 교토 야마시나부터 신라명신이 있는 나가라산 원성사까지 양질의 화강암 지대인 오사카(逢坂) 제철 유적이 있으며, 다카시마군에는 약 30여 개의 고대 제철 유적이 흩어져 있다. 또한 아사이군과 츠루가에 걸쳐서 10여 개의 유적이 남아 있다.

『속일본기』에 따르면, 762년 2월 26일 준닌 천황 때 "후지와라노 에미

아손 오시카츠에게 오우미국(시가현) 아사이, 다카시마 2개 군의 철공(鉄穴: 철광석을 채취할 수 있는 광산)을 한 곳씩 하사했다"는 기록도 있다. 이를 통해 시가현은 고대 제철 지역으로 유명했다는 것을 알 수 있다.

고대 제철 유적이 많은 시가현에서는 광부들이 신라명신을 철강신(鉄鋼神)으로 모셨을 가능성이 크다.

– 신라명신은 광부들이 모시던 철광신이었다

　지금까지의 옛 기록을 살펴보면, 신라명신은 철광산이 있는 지역인 후쿠이현 이마죠 마을, 시마네현 오쿠이즈모 마을, 효고현 히메지시, 시가현 오츠시 등에서 주로 발견되며, 해당 지역의 광부들이 철강신으로 모셨을 것으로 추정된다.

　야와타 신앙의 권위자 나카노 하타요시(中野幡能) 선생은 "원시 야와타 신앙은 가라시마 스구리(辛島勝)를 대표로 하는 귀화인의 종교이며, 이 원시 야와타 신앙은 부젠국 다가와군(지금의 후쿠오카현 다가와시)의 신라명신이 대표하는 히메 신 신앙 그 자체이다"라고 말했다. 여기서 가라시마 스구리는 가야에서 건너온 하타 씨의 동족을 가리키며, 부젠국 다가와군 가와라산은 하타 씨 일족이 일하던 광산 지역을 말하고, 히메 신이란 여성 신을 말한다.

　그는 또 "부젠국 다가와군의 신라명신은 가와라산(香春岳)의 신"이라고도 했다. 따라서 야와타 신은 다가와군 가와라산의 광부 하타 씨가 모시던 철광신이었음을 알 수 있다.

　그런데 7세기에는 야마토 조정에서 보낸 오가씨(大神氏)가 초기의 야와타 신을 오진 천황으로 바꾸었다. 이 변화를 보여주는 기록들이 많이 남아 있다.

『후소략기(扶桑略記)』 긴메이 천황 32년 1월(571년)

야와타 대명신이 치쿠시(현 후쿠오카현)에 나타났다. 부젠국 우사군 마키미네 히시이케(豊前国宇佐郡厩峯菱池)에 대장장이 노인이 있었는데, 너무나 특이하고 이상했다.

『후소략기』는 1094년에 펴낸 역사서인데, 야와타 신이 지금의 북부 규슈인 치쿠시에 내려왔다고 한다. 또 부젠국 우사군 마키미네는 지금의 오이타현 우사시의 우사 신궁의 부근을 말한다. 여기에 나타난 대장장이 노인은 아주 무서운 얼굴을 하고 있었다고 한다.

『하치만우사궁 어탁선집(八幡宇佐宮御託宣集)』 가나사시 궁(金刺宮)

긴메이 천황 29년(569)

치쿠젠 부젠국 우사군, 히시가타 연못의 오구라산 밑에 대장장이 노인이 있었는데, 기이한 모습을 띠고 있었다. 한 몸통에 여덟 개의 머리가 있었는데, 사람들이 이 소문을 듣고 가 보았는데, 5명이 가면 3명이 죽고, 10명이 가면 5명이 죽었다. 너무나 무서워 가는 사람이 없었다. (1313년 편찬)

1313년에 편찬된 『하치만우사궁 어탁선집』은 야와타 신을 모신 우사 신궁의 유래와 역사에 대해 설명한 책이다. 이 책에서도 야와타 신이 대장장이 노인의 모습으로 지금의 오이타현 우사 신궁 부근에 나타났다고 한다.

그런데 이 노인은 성질이 아주 고약해서 10명의 사람이 이 노인을 보면 5명이 죽을 정도였다고 한다.

『동대사요록(東大寺要錄)』卷四

치구젠 부젠국 우사국 마키미네 히시가타 연못에 대장장이 노인이 있었는데 그 모습이 기이했다. 오가는 3년간 곡물을 끊고 칩거하여 지성을 드렸다. 제사를 바친 후, "당신이 신이라면 내 앞에 모습을 나타내어 주십시오"라고 빌었다.

그때 대나무 잎 위에 3살의 어린아이가 나타났다. 이르기를, "나는 일본의 제16대 황제 호무다 천황 히로하타 야와타 마로(譽田天皇広幡八幡麿)이다"라고 했다.

1106년부터 1134년 사이에 쓰인 『동대사 요록』은 나라 동대사의 역사 기록서이다. 여기에서는 드디어 대장장이 노인의 정체가 드러나는데, 이 노인이 바로 야와타 신인 오진 천황의 전신이었다.

위의 유래담을 요약해 보면, 먼저 성격이 고약하고 무서운 대장장이 노인→3살의 어린아이→오진 천황→야와타 신으로 변해 가는 과정을 묘사하고 있다. 오진 천황으로 변하기 직전의 야와타 신은 대단히 기이하고 사람을 죽이는 무서운 대장장이 노인이다. 이 무서운 노인이 3살의 어린아이로 나타나 자신을 오진 천황이라 한다. 이 과정 중에 어린아이로 변하기 직전의 무서운 대장장이 노인이 바로 원성사의 신라명신일 가능성이 크다.

뒤돌아보면 낙동강 변에서 후쿠오카 가와라 광산으로 건너온 하타 씨가 모신 야와타 신은 이 광산의 광부들이 모신 신이었다. 또한 가모명신을 모시고 있는 교토 시모가모 신사의 총본산은 나라현 가츠라기 고세의 다카카모 신사인데, 이 신사의 신 또한 철을 다루는 아지스키 타카히코네 신이었다. 시가현의 신라명신 또한 화강암으로 뒤덮인 일본 고대 제철 유적지 속에 모셔진 철강신이었다.

깊게 파인 이마의 주름과 아래로 처진 눈매, 그리고 붉은 입술로 미소 짓고 있는 신라선신당의 신라명신은 바로 3살의 어린이로 다시 태어나기 전의 대장장이 노인의 모습을 형상화한 것이라 생각한다.

7

700년 무사 정권의
문을 연 겐지 무사 가문

지금까지 가야를 떠난 하타 씨와 야와타 신, 경남 양산의 백성들과 가모 명신, 동해안을 떠난 신라인과 신라명신과의 관계를 살펴보았다.

그런데 헤이안 시대(794년~1185년) 후반에 일본 역사상 가장 강력한 무사 집단인 겐지(源氏, 미나모토) 가문이 신 앞에서 성인식을 거행했다는 기록이 전해지고 있다.

이는 군주나 가문의 어른 앞에서 성인식을 치르는 것이 일반적이었던 무사들의 관습과는 매우 다른 것으로, 신전 성인식에 대한 배경과 이유, 그리고 이를 둘러싼 논란은 지금까지도 이어지고 있다.

이러한 이유를 구체적으로 알아보기 전에 먼저 겐지 무사 가문의 등장과, 그들이 세운 가마쿠라 막부와 무로마치 막부의 창설과 폐망, 그리고 뒤이은 도쿠가와 이에야스의 에도 막부의 성립에 대해서 간단히 알아보자.

또한 에도 막부를 무너뜨리고, 다시금 겐지 가문에 의한 새로운 막부 건설을 노렸던 사츠마 번주(藩主) 시마즈 씨(島津氏)의 도전을 살펴보자.

– 막부의 탄생

1868년에 메이지 유신이 일어나면서 700년 동안 이어진 무사 정권이 끝나고, 천황을 중심으로 한 메이지 정부가 세워졌다. 그전까지 시대에 따라 천황, 상황(上皇), 외척(外戚), 무사가 권력을 가지고 있었다.

먼저, 가장 높은 사람은 천황이었고, 그다음은 자리에서 물러난 선대의 천황인 상황이었다. 상황은 물러난 후에도 정치에 영향을 끼치기도 했고, 때로는 상황의 힘이 천황보다 강하기도 했다.

외척은 천황의 어머니나 왕비의 가족을 말한다. 대표적인 가문으로는 후지와라 씨(藤原氏)가 있다. 후지와라 가문은 대대로 자신의 딸을 천황에게 시집보낸 다음, 태어난 외손자를 천황에 앉혀 실권을 쥐고 정권을 마음대로 한 섭관정치(摂関政治)로 유명하다. 섭관정치라는 것은 섭정(摂政)과 관백(関白)을 합친 말로, 천황이 어려서 천황을 대신하여 정치를 행하는 것을 섭정, 천황이 성인이 되었으나, 계속해서 천황을 도와 정치를 행하는 것은 관백이라 한다. 후지와라 씨의 영향력은 1200년간 계속됐다.

마지막으로, 막부(幕府)라는 기관을 만들어 천황과 귀족을 견제하며 약 700년 동안 권력을 잡은 무사 정권이 있었다. 이 정권의 최고 지도자를 정이대장군(征夷大将軍)이라 불렀다. '오랑캐를 무찌르는 대장군'의 의미로, 여기서 오랑캐란 조정에 따르지 않는 규슈 지역과 홋카이도를 포함한 동북 지역을 말한다.

가야의 하타 씨와 일본의 겐지 무사

일본 역사상 3개의 막부가 세워졌는데, 1185년 미나모토 요리토모(源賴朝)가 가마쿠라에 세운 가마쿠라 막부(鎌倉幕府), 1336년 아시카가 타가우지(足利尊氏)가 교토 무로마치에 세운 무로마치 막부(室町幕府), 1603년 도쿠가와 이에야스(德川家康)가 에도(지금의 동경)에 세운 에도 막부(江戶幕府)이다.

가마쿠라 막부와 무로마치 막부는 겐지(源氏-미나모토로 읽기도 한다)라는 집안의 자손들이 세웠다. 가마쿠라 막부를 세운 겐지와 무로마치 막부를 세운 아시카가 씨는 성이 다르다. 왜 그럴까?

일본에서는 씨족의 일부가 벼슬이나 토지를 얻어 다른 지방으로 옮기면서 그 지방의 이름을 새로운 성으로 사용하는 경우가 많았다. 예를 들어, 겐지 무사 가문의 신라사부로(新羅三郎)라고 불렸던 미나모토노 요시미츠(源義光)의 후손들은 다케다 씨(武田氏), 사타케 씨(佐竹氏), 오가사와라 씨(小笠原氏), 이즈미 씨(逸見氏) 등의 성을 사용했다. 이 가문들은 모두 이주한 마을의 이름을 새로운 성으로 사용한 것이다.

아시카가 씨도 마찬가지다. 현재의 도치기현 아시카가시에 영지를 가지고 있었기 때문에 마을 이름인 아시카가를 새로운 성으로 사용한 것이다.

– 겐지 무사 가문 중흥의 선조, 미나모토노 요시이에(源義家)

무사 정권 700년의 문을 연 미나모토노 요리토모의 4대 선조에 요시이에라는 뛰어난 무사가 있었다. 당시 조정은 말을 듣지 않는 동북 지역 때문에 애를 먹었다. 동북 지역은 지금의 후쿠시마, 미야기, 이와테, 아오모리, 아키타, 야마가타라는 곳인데, 동쪽에 치우쳐 있고 날씨가 추운 곳이라 사람이 많이 살지 않았으나, 금은이 많이 생산되었다. 나라의 힘이 닿지 않는 동북 지역은 세금을 잘 내지 않아 문제가 많았다. 조정은 이 문제를 해결하기 위해 1051년 미나모토노 요리요시와 아들 요시이에를 보내서(전 9년의 난: 前九年の役) 이 지역을 평정했다. 전쟁이 끝난 후 겐지 부자는 이 지역을 다스리고 싶었지만 조정은 그들을 오히려 다른 지역으로 보내 버렸다. 그들은 큰 공을 세우고도 인정받지 못해 서운한 마음을 달랠 수 없었다. 그래서 발령이 난 지역에 가지 않고 교토에 머물렀다. 비록 바라는 바를 이룰 수 없었지만 요리요시와 요시이에는 함께 전투를 치렀던 관동 무사들에게 상을 주기 위해 바쁘게 움직였다.

20년이 지난 후, 기요하라(清原)라는 집안이 동북 지역을 다스리고 있었는데, 형과 이복동생 사이에 싸움이 일어났다. 1083년 다시 한번 미나모토노 요시이에가 지방 장관으로 부임, 분쟁을 해결했다(후 3년의 전쟁: 後三年の役). 이번에도 그는 포상을 바랐지만 조정은 오히려 형제간의 개인적인 싸움에 관군이 끼어들어 정부의 식량과 물건을 사용했다고 하며 그 비용을 청구했다. 요시이에는 그때부터 관직을 얻지 못했고 조정의 비용 청구는

10년간 계속되었다.

지난 전쟁에 이어 겐지 무사 가문은 싸움에서 이겼지만 그 대가를 받지 못하고 빈손으로 돌아서야 했다. 하지만 요시이에는 다시 한번 함께 싸운 관동 무사들에게 자신의 개인적인 재산을 털어 상을 주었다. 비록 조정에서는 인정하지 않았지만, 요시이에의 이런 행동은 오히려 관동 지역에서 겐지 가문의 명성을 드높였고, 그의 4대 후손인 요리토모가 가마쿠라 막부를 창설하는 데 큰 도움이 되었다.

- 겐지와 헤이케의 3대에 걸친 투쟁-최후의 승자는 겐지

옛날 일본에서는 농민과 영주 사이에 세금 문제나 분쟁이 생기면, 이를 해결해 주는 사람들이 있었다. 이들은 자신의 이익을 위해 일을 하는 사병 조직이었기 때문에, 문제를 해결해 준 대가로 이권이나 토지를 얻으려고 했다. 이들을 무사라고 불렀는데, 무사란 무기를 들고 싸우는 전투원을 뜻하거나, 전투를 전문으로 하는 집안의 구성원을 말한다.

조정의 관리들은 조정에 맞서는 집단이 나타나면, 무사들에게 그들을 물리치라는 명령을 내렸다. 그러면 무사들은 관군이 되어 반란군을 무찌르고, 그들이 가지고 있던 토지와 권리를 나누어 가졌다.

하지만, 때로는 관군이었던 무사 집단이 조정의 뜻을 따르지 않아서, 오히려 토벌의 대상이 되기도 했다. 그래서 이익에 따라 아군이 적군으로, 적군이 아군으로 바뀌기도 했다.

시간이 지나면서, 무사들이 자신의 힘을 키워 귀족들에게 맞서기 시작했다.

헤이안 시대 중반인 900년 이후부터 일본에는 2개의 대표적인 무사 집단이 있었는데, 바로 겐지와 헤이케(平家-다이라라고도 읽는다) 가문이다. 이 두 가문은 원래 천황의 자손이었지만, 조정의 경제 상황이 나빠져 왕족에서 평민으로 신분이 떨어진 집안의 후손이라 한다. 두 가문은 항상 경쟁 관계에 있었는데, 주도권을 쥐기 위한 두 가문의 싸움은 길고도 질긴 악연을 가지고 있었다.

- ### 제1차전 호겐(保元)의 난

1156년에 이미 물러난 스토쿠 상황(崇德上皇)과 이복동생인 고시라카와 천황(後白河天皇) 사이에 왕위를 둘러싼 싸움이 벌어졌다. 이때 헤이케 집안과 겐지 무사 집안의 큰아들 요시토모는 이복동생 고시라카와 천황 편에 섰고, 요시토모의 아버지 타메요시는 형인 스토쿠 천황 편에 서서 불행히도 아버지와 아들이 서로 적이 되는 상황이 벌어졌다.

싸움에서 고시라카와 천황 쪽이 승리했고 승자인 헤이케는 미나모토노 요시토모에게 아버지 타메요시를 죽이라고 명령했다. 요시토모는 아버지를 살리기 위해 많은 노력을 했지만 결국 실패, 자신의 손으로 아버지를 처형하게 되었다.

- ### 제2차전 헤이지(平治)의 난

4년 후인 1160년에 헤이지의 난이 일어났다. 이때는 겐지와 헤이케가 서로 적이 되었는데, 헤이케가 다시 승리했다. 패한 겐지 집안은 거의 망하고 셋째 아들 요리토모(賴朝)만 살아남았다. 가족과 떨어져 혼자 도망치던 요리토모는 결국 헤이케 군사들에게 잡히고 말았다. 13살밖에 되지 않은 요리토모는 헤이케 가문의 우두머리인 다이라노 키요모리(平清盛) 앞에 끌려갔다. 키요모리는 요리토모를 죽여서 후환을 없애려고 했다. 하지만 키요모리의 계모인 이케노젠니(池禪尼)는 어린 나이에 죽은 자신의 아들이 생각나서 요리토모를 살려달라고 애원했다. 키요모리가 강하게 반대했지만, 이케노젠니는 단식까지 하면서 요리토모를 살려냈다.

살아남은 요리토모는 이즈(현 시즈오카)라는 곳으로 유배를 가서 힘든 시간을 보냈다. 그러다가 이 지역의 세력가 호조 씨(北条氏)의 큰딸 마사코(政子)와 사랑에 빠지게 되었다. 하지만 요리토모는 권력자 헤이케의 포로였고, 호조 씨는 겐지 가문의 후계자 요리토모를 감시해야 했다. 더구나 딸과 요리토모의 관계가 알려지면 헤이케가 보복할까 두려웠다. 호조 씨는 딸 마사코를 겨우 설득해서 같은 지역의 무사 집안에 시집을 보냈다. 그 당시에는 결혼 전에 미리 동거하는 것이 가능했는데, 마사코는 장래의 남편과 함께 살면서도 여러 핑계를 대며 몸을 허락하지 않았다. 그러다 결혼식 전날, 비바람이 몰아치는 밤에 마사코는 시댁을 빠져나와 요리토모에게 달려갔다.

● 제3차전 지쇼 · 쥬에이(治承 · 寿永)의 난

1180년, 요리토모는 옛날부터 겐지 집안을 따르던 무사들과 헤이지의 난에서 살아남아 숨어 지내던 친척들을 모아서 헤이케 가문과 최후의 일전을 벌였다. 이 전투를 지쇼 · 쥬에이의 난이라고 부른다.

옛날 분쟁을 해결하고 보상을 받는 무사들에게는 신속하고 공평한 분배가 중요한 관심 사항이었다. 가마쿠라 막부를 세운 미나모토노 요리토모는 다른 무사단과는 달리, 활약한 만큼의 전리품을 공평하고 빠르게 나눠주었고, 설사 조정으로부터 공을 인정받지 못하더라도 자신의 재산을 털어 무사들에게 보상을 해 주었다.

가야의 하타 씨와 일본의 겐지 무사

게다가 헤이케와의 전투에서 지기는 했지만, 오랫동안 겐지 가문과 함께 싸웠던 병사들은 자부심과 충성심이 매우 강했다. 20년 동안 이즈에서 귀양살이를 하던 요리토모가 헤이케를 물리치기 위해 숨어 지내던 친척들과 예전에 할아버지와 아버지를 따르던 무사들에게 집결하라는 격문을 보냈을 때, 그들은 요리토모 곁으로 구름처럼 모여들었다.

세 번째 전투에서는 드디어 겐지가 승리하였고, 헤이케 가문은 멸망하였다. 계모의 애원에 흔들려 단 한 명 살려 놓은 미나모토노 요리토모 때문에 헤이케 가문의 여성들은 외손자인 천황을 안고 모두 바다에 몸을 던졌다.

– 겐지 가문의 용맹하고 충성스러운 동국(東国) 무사

일본은 크게 두 지역으로 나눌 수 있는데, 교토와 오사카를 중심으로 한 관서(関西) 지방과 동경을 중심으로 한 관동(関東) 지방이다. 관서란 '관의 서쪽 지역'을, 관동은 '관의 동쪽 지역'을 의미한다.

그리고 '관(関)'은 사람이나 물건이 오가는 것을 살펴보는 검문소 또는 출입 관리소를 말한다. 지형적으로 이 지역을 지나지 않고서는 동쪽이나 서쪽으로 이동할 수 없는 곳에 설치했다. 최근에는 하코네 관소(箱根関所-지금의 가나가와현 하코네마치)가 검문소 역할을 했고, 이런 관을 기준으로 동서의 경계가 구분되었다.

지금도 그렇지만 일본의 두 지역은 마치 다른 나라처럼 언어, 문화, 성격, 음식 등에서 차이가 난다. 특히 관서 지방의 교토는 관동에 비해 전통을 중시하고 기품이 우아하다는 특징이 있다. 반면에 새로운 개척지였던 관동은 관서에 비해 다소 거칠고 직선적이었지만, 동시에 남성다운 면모를 지니고 있었다. 따라서 전투에 임하는 병사들의 태도도 달랐다. 겐지와 헤이케의 마지막 전투를 묘사한 일본의 대표적인 전쟁 문학 작품인『헤이케 모노가타리(平家物語)』에는 관동 지방 무사들의 용맹함이 다음과 같이 그려져 있다.

가야의 하타 씨와 일본의 겐지 무사

『平家物語』「후지가와 전투(富士川の戦い)」

"동쪽(東国) 무사의 관습에는, 전투에서 아버지가 화살에 맞아 쓰러지거나, 아들이 쓰러져도 그 시체를 넘고 넘어 또 싸운다. 서쪽의 무사들은 아버지가 쓰러지면 공양을 드리고 제사가 끝난 후에 전쟁터로 돌아오고, 아들이 쓰러지면 한탄하며 전쟁을 멈춘다. 군량미가 떨어지면 밭을 일구어 수확을 한 다음에 전투를 시작하고, 여름은 덥다, 겨울은 춥다 불평한다. 동쪽 무사에게 이런 일은 없다.

서쪽은 전부 교토 주변에서 빌려 온 무사들로 아버지가 다치면 따라온 집안의 병사들은 모두 물러나고, 지휘자가 전사하면 부하들은 모두 도망친다. 말은 가축 시장에서 사온 것으로, 교토를 출발할 때는 좋아 보였지만 지금 보니 힘이 없어 아무 곳에 쓸 수가 없다. 사람, 말 모두 관서의 20기(騎), 30기가 동쪽의 1기에 해당될 것이다."

할아버지 때부터 관동 지방에 기반을 가지고 있던 요리토모는 20년간의 이즈 유배 생활 동안 관동 지방의 의리 있고 용맹한 무사들과 친분을

미나모토노 요리토모(이미지 출처: 山梨県県立博物館)

쌓았다. 게다가 천황의 후손이라는 점이 관동 무사들에게 신뢰감을 주었다. 이 겐지 무사 가문은 56대 천황인 세이와 천황(清和天皇, 재위 기간 856-876)의 후손으로 전해지고 있다.

관동 무사들의 충성심과 용맹함에 힘입어 1185년에 요리토모는 헤이케 가문을 멸망시키고 현재의 가나가와현에 가마쿠라 막부를 창설했다. 이때 조정은 요리토모에게 관동 지방의 통치권을 주고, 이를 이어받은 그의 후손들은 점차 세력을 넓혀 나가 1200년대에는 일본 전국을 다스리게 된다.

– 때 이른 겐지 가문의 몰락

그런데 150년간 계속된 가마쿠라 막부를 자세히 들여다보면 겐지 가문의 막부 통치는 그리 오래가지 않았다. 요리토모가 가마쿠라 막부를 창설한 이후에 겐지 가문이 막부를 통치한 기간은 3대에 걸친 약 30년에 지나지 않는다. 이후에는 아내 마사코의 친정인 호조 씨 가문이 막부의 실권을 장악하였다.

아버지가 정해 준 약혼자를 뿌리치고 결혼식 전날 밤에 포로 신분이었던 요리토모에게 달려간 마사코는 무사 정권 최고 권력자의 아내가 되어 부귀영화를 누렸으나 행복한 삶은 아니었다.

1185년 막부가 창설된 이후, 큰딸인 오히메(大姫)는 20살의 나이로 사망했고, 남편 요리토모도 53세의 이른 나이에 말에서 떨어져 갑자기 사망했다. 대를 이은 큰아들과 둘째 아들도 권력의 다툼 속에서 30살을 넘기지 못하고 사망하여, 결국 겐지 가문은 대가 끊기게 되었다.

홀로 남은 마사코는 남편이 세운 막부를 지키기 위해 위기에 처할 때마다 나타나 '비구니 장군(尼将軍)'으로 불리며 69세의 나이로 생을 마감했다. 결국에는 마사코의 친정인 호조 씨가 겐지의 모든 것을 차지했고, 그 이후에도 가마쿠라 막부는 120년간 지속되었다.

3대에 걸친 겐지와 헤이케의 혈투도, 요리토모의 최후의 승리도 결국에는 아무런 의미가 없음을 800년 전의 『헤이케 모노가타리』는 첫 구절에서 다음과 같이 이야기하고 있다.

『平家物語』 제1권 「기원정사(祇園精舍)」

기원정사의 종소리는 만물은 변하고 같은 상태로 멈추는 일은 없음을 일 깨워 준다. 사라상수(娑羅双樹)의 꽃잎은 성한 것은 반드시 시든다는 세상 의 도리를 일깨워 준다. 넘치는 부귀영화도 영원히 계속될 수 없다. 단지 봄날의 춘몽일 뿐이다. 권세가 아무리 강해도 결국은 망하고 마는 것은 그야말로 바람 앞의 먼지와 같은 이치이다.

가야의 하타 씨와 일본의 겐지 무사

– 겐지 무사 가문의 부활, 무로마치 막부

요리토모의 아내 마사코의 친정인 호조 씨는 요리토모의 자손이 끊긴 후에도 약 120년간 막부를 다스리며 부귀영화를 누렸다. 하지만 이를 못마땅하게 여긴 77대 고시라카와 천황(後白河天皇)은 주인이 바뀐 가마쿠라 막부를 무너뜨리려고 했다. 고시라카와 천황은 천황 자리에서 물러난 후에도 30여 년간 정치에 간섭하며 막부와 여러 번 싸웠다.

겐지 가문의 일원이었던 아시카가 타카우지(足利尊氏)는 호조 씨 가문의 딸과 결혼하는 등 호조 씨와 좋은 관계를 유지하고 있었다. 가마쿠라 막부의 한 무사로서 천황 측의 공격을 잘 막아냈지만 결국 호조 씨를 배신하고 막부를 무너뜨렸다.

1336년에 아시카가는 가마쿠라 막부를 무너뜨리고 다시 겐지 가문에 의한 무로마치 막부를 세웠다. 이 무로마치 막부는 약 240년간 지속되었다. 따라서 미나모토 요리토모가 세운 가마쿠라 막부 150년, 아시카가 타카우지가 세운 무로마치 막부 240년을 합치면 약 400년간 겐지 가문이 일본을 지배한 셈이다.

막부를 다스리는 최고 책임자를 정이대장군(征夷大将軍)이라고 부르는데, 흔히 줄여서 장군이라고 부르며, 장군의 지위는 천황으로부터 받는다. 그래서 조정에 맞서는, 즉 천황의 뜻에 따르지 않는 역적을 토벌하는 군대의 총사령관 역할을 했다.

하지만 실제로는 조정의 명령을 받는 관군이지만, 조정을 넘어서는 권력을 가지고 있었다. 예를 들어, 막부의 실권자가 천황의 자리를 바꾸는 경우도 있었다. 가마쿠라 막부 시절에 호조 씨는 '양통질립(両統迭立)'이라는 제도를 도입했다. 이 제도는 천황의 혈통끼리 다툼이 심해지자, 두 혈통(両統)이 번갈아(迭) 가며 천황에 즉위(立)하는 방식이었다. 이 제도는 50년간 지속되었다. 이처럼 무사 정권의 힘은 조정을 뛰어넘을 정도로 강했고, 무사들은 막부라는 통치 기구를 통해 700년간 일본을 지배했다. 이 700년 중에 400년을 겐지 가문이 다스렸으니, 그 가문의 힘이 얼마나 대단했는지 알 수 있다.

– 무로마치 막부의 폐망

240년간 이어진 무로마치 막부 시대는 일본의 역사상 그나마 전쟁이 없는 평화로운 시기였다. 그러나 마지막 무렵에 이르러 큰 변란이 일어난다. 1467년 제8대 장군 아시카가 요시마사(足利義政) 시절, 오닌의 난(応仁の 乱)이 일어나는데, 이 변란 때문에 수도인 교토가 쑥대밭이 된다.

장군의 정부인 히노 토미코(日野富子)에게는 남편의 뒤를 이을 아들이 없었다. 어쩔 수 없어 남편 요시마사의 동생 요시미(義見)를 제9대 장군의 후계자로 지명했다. 그런데 그다음 해에 토미코는 아들을 낳았다. 토미코는 정부인 자신의 아들이 당연히 장군이 되어야 한다 주장했고, 이미 후계자로 정해진 시동생 요시미는 어림없다는 식으로 막아섰다. 양쪽은 자신을 지지하는 막부의 힘 있는 무사를 끌어들였고, 그 무사들은 자신을 따르는 지방의 무사들을 교토로 불러들였다. 이로 인해 교토는 온통 무사들로 가득 차게 되었고, 하루도 빠짐없이 전투가 벌어졌다. 이때부터 시작된 전쟁은 11년간 계속되었다. 도시는 끔찍하게 무너졌고, 사람들은 난을 피해 이리저리 쫓겨 다녔다.

이 전쟁통에 토미코는 이해할 수 없는 행동을 했다.

그녀의 뜻대로 아들 요시히사(義尙)는 9살의 어린 나이로 제9대 장군에 올랐다. 그러나 아들이 자라면서 무슨 일이든 간섭하는 강한 성격의 어머니를 싫어했고 모자 사이는 멀어졌다. 안타깝게도 요시히사는 25살의 젊은 나이로 세상을 떠났다. 게다가 남편 요시마사는 정치에는 전혀 뜻이 없었고 별궁을 지어 혼자서 살면서 매일 밤 잔치를 벌였다. 남편에게도, 아들에게도 사랑받지 못한 토미코는 마침내 돈 모으는 일에 집착하게 되었다. 11년간 이어진 오닌의 난 동안에 토미코는 아군과 적군을 가리지 않고 전쟁 비용을 빌려주고 높은 이자를 받았다. 또 전란으로 망가진 교토의 궁궐을 다시 짓기 위해 교토 시내에 7개의 출입문을 만들고, 사람들이 이 문을 지날 때마다 통행세를 내게 했다. 그리고 이 수입을 전부 자신의 몫으로 챙겼다.

교토 시내에서는 "천하의 돈은 모두 토미코에게 모인다"는 소문이 퍼져 나갔고, 사람들은 토미코를 "천하의 수전노"라 불렀다. 이를 견디지 못한 백성들은 마침내 7개의 출입문을 부수고 벌 떼처럼 거세게 일어났다.

아들이 세상을 떠나자 토미코는 오닌의 난에서 다투었던 시동생의 아들인 요시키(義材)를 제10대 장군에 오르게 했다. 하지만 요시키는 큰어머니인 토미코가 정치에 간섭하는 것을 싫어했고, 둘 사이는 매우 나빠졌다. 마침 요시키가 교토를 비우자 토미코는 쿠데타를 일으켜 요시키를 물러나게 하고 남편의 조카인 요시즈미(義澄)를 11대 장군으로 만들었다. 이렇게 막부를 마음대로 움직이던 토미코는 1496년 57세의 나이로 세상을 떠났다. 그녀가 죽은 지 약 80년 후, 권위를 잃어버린 무로마치 막부는 15대 장군 요시아키(義昭)를 끝으로 240년 만에 막을 내렸다. 백성들은 그녀가 겐지 가문이 세운 무로마치 막부를 망하게 한 며느리였다며 혀를 차고 수군거렸다. 후세 사람들은 그녀를 '천하의 악녀', '수전노'라고 부르며 일본의 3대 악녀 중 한 명으로 꼽아 손가락질했다.

자신의 아들을 장군으로 만들기 위해 일어난 오닌의 난 이후, 일본은 약

가야의 하타 씨와 일본의 겐지 무사

120년간 전쟁이 계속되는 전국시대에 돌입했다. 이 시대를 아랫사람이 윗사람을 무시하고 욕하는 하극상의 시대라고 한다. 아들이 잘되기를 바랐던 '어머니의 마음'이 100년 넘게 일본을 전쟁으로 몰아넣을 줄은 아무도 몰랐다.

- 120년간 전쟁이 계속된 전국시대

막부의 권위가 떨어져 힘을 잃자 이때를 틈타 무사들은 자신들의 땅을 넓히기 위해 온 힘을 다했다. 세력이 강한 자가 약한 자를 집어삼키고, 어제까지 적이었던 자들이 오늘은 동지가 되는 등, 이 시기에는 세력 간에 모이고 흩어짐이 활발하게 이루어졌다.

이런 어지러운 상황 속에 각 지역을 휘어잡은 무사들이 있는데, 아이치 현 출신의 오다 노부나가, 그를 따르던 도요토미 히데요시, 그리고 그 뒤를 이어 일본을 통일하고 에도 막부를 세운 도쿠가와 이에야스가 있다.

그리고 또 다른 유명한 무사들로 야마나시현의 다케다 신겐, 동북 지역의 우에스기 겐신, 야마구치현의 모리 씨, 고치현의 죠소가베 씨 등이 있다. 다케다 신겐은 겐지 가문의 후손이고, 모리 씨의 후손들은 200년 후에 일어난 메이지 유신에서 큰 이바지를 하게 된다. 죠소가베 씨는 한반도에서 일본으로 건너간 하타 씨(秦氏)의 후손으로 알려져 있다.

1573년 오다 노부나가가 제15대 장군 요시아키를 오사카로 몰아냄으로써 무로마치 막부가 쓰러졌다. 이후 오다 노부나가가 교토의 혼노지(本能寺)에서 부하에게 죽임을 당하자, 그의 뒤를 이어받은 농부 출신의 도요토미 히데요시가 1590년에 마침내 일본 전국을 통일했다. 이로써 120년간 계속된 전국시대가 막을 내렸다.

그러나 도요토미 히데요시가 임진왜란을 일으킨 후 병으로 죽자, 그의

가야의 하타 씨와 일본의 겐지 무사

가신들과 도쿠가와 이에야스는 권력을 두고 대립하게 되었다. 1600년에 도요토미의 가신들은 서군(西軍)이 되고, 호시탐탐 기회를 엿보고 있던 도쿠가와 이에야스는 동군(東軍)이 되어 일본을 차지하기 위한 마지막 전투가 벌어졌다. 이 전투가 바로 세키가하라 전투(関ヶ原合戦)로, 흔히 "천하를 가르는 싸움(天下分け目の戦い)"이라 일컬어진다. 이 전투는 6시간 만에 도쿠가와 이에야스의 승리로 막을 내렸고, 도쿠가와 이에야스는 1603년 현재의 동경에 에도 막부를 세운다.

이 전투에서 서군이 지고 동군이 이길 수 있었던 이유 중 하나는 서군의 장수 고바야카와 히데아키라는 장수가 마음을 바꾸었기 때문이라 한다. 고바야카와 히데아키는 도요토미 히데요시의 양자로, 1597년에 조선에서 일어난 정유재란에서 부산포와 울산성을 공격하는 전투에 참여했다. 그는 매우 용감하고 뛰어난 장수로 이름을 떨쳤다. 그런데 세키가하라 전투에서는 동군에 가담하여 서군을 배신함으로써 동군의 승리에 결정적인 역할을 하였다.

아침 8시에 전투가 시작되자, 고바야카와는 서군을 돕기 위해 15,000명의 군사를 이끌고 세키가하라의 언덕 위에 진을 쳤다. 오전에는 서군이 동군을 이기는 것처럼 보였다. 그러자 동군의 도쿠가와 이에야스는 고바야카와에게 연락병를 보내 서군을 공격하라는 명령을 계속해서 내렸다. 사실 고바야카와는 전투가 시작되기 전에 도쿠가와와 미리 약속을 해서 동군을 돕기로 되어 있었다. 그런데 서군이 이기고 있는 것처럼 보이니까 공격을 망설이고 있었던 것이다.

도쿠가와 이에야스는 고바야카와가 약속을 지키지 않자 화가 나서 고바야카와 쪽으로 총을 쏘았고, 오후가 되자 싸움의 흐름이 동군에게 유리하게 바뀌었다. 고바야카와는 동군이 이길 것 같다고 생각하고, 산을 내려가 서군을 공격하기 시작했고, 결국 동군이 승리하게 되었다.

한편 서군의 총대장은 이시다 미츠나리(石田三成)라는 무사였는데, 도요토미 히데요시의 가장 가까운 부하 중 한 명이었다. 두 사람의 첫 만남은 조금 특별했는데, 도요토미가 사냥을 하다가 목이 말라서 한 절에 들렀을 때, 어린 이시다에게 차를 부탁했다. 이시다는 도요토미에게 세 잔의 차를 대접했는데, 첫 번째 잔은 미지근한 차였고, 두 번째 잔은 조금 더 뜨거운 차, 세 번째 잔은 가장 뜨거운 차였다. 도요토미가 우선 미지근한 차로 목마름을 해결한 다음, 천천히 뜨거운 차를 맛보도록 마음을 썼던 것이다. 도요토미는 이시다의 마음 씀씀이에 감동해서 그를 평생 곁에 두었다.

도요토미가 죽은 후에도 이시다 미츠나리는 도요토미를 잊지 않고, 서군의 총대장이 되어 동군과 싸웠지만 패배하여 산 채로 잡혔다. 동군의 총대장 도쿠가와 이에야스는 이시다를 묶어 시내를 끌고 다니며 창피를 주었다. 목이 말랐던 이시다 미츠나리는 물 한 모금을 부탁했지만 동군의 병사는 물 대신 곶감을 줬다. 목이 마른데 마른 곶감이라니, 이시다는 "몸에 나쁘니 안 먹겠다"고 했다. 병사는 "곧 죽을 자가 건강을 챙기다니"라며 크게 비웃었다. 그러자 이시다는 "당신 같은 소인배는 잘 모르겠지만, 큰 뜻을 품은 자는 뜻을 이루기 위해 목이 잘리기 직전까지 목숨을 아껴야 하는 법이다"라고 대답했다고 한다.

도쿠가와는 이시다를 처형하기 전, 성문 밖에 멍석을 깔고 그 위에 앉혀 놓고 모든 이가 그의 처량한 꼴을 보게 했다. 말을 타고 지나가던 어느 장수는 "쓸데없는 싸움을 일으켜 그 꼴이 뭐냐?"라고 비웃었고, 어느 장수는 "도와주지 못해 미안하다"며 입고 있던 옷을 덮어주기도 했다. 처형 직

가야의 하타 씨와 일본의 겐지 무사

전 찢어진 옷을 입고 무릎꿇은 이시다를 보고 도쿠가와는 "적의 장수를 대하는 예의가 아니다"면서 새 옷을 내렸다. 이시다는 "누가 이 옷을 내렸는가?"라고 묻자, 도쿠가와가 보냈다고 답하자 큰 소리로 웃으면서 "내가 왜 도쿠가와에게 고마워해야 하느냐?"면서 새 옷을 마다하고 떳떳하게 처형당했다.

– 도쿠가와 이에야스도 부러워한 겐지 성(姓)

약육강식, 하극상이 판쳤던 전국시대가 끝나고 1603년, 도쿠가와 이에야스는 지금의 도쿄인 에도에 새로운 막부를 열었다. 이 에도 막부는 1868년 메이지 정부가 세워지기 전까지 약 260년간 계속되었는데, 이 시기는 일본 역사상 가장 평화로웠던 시대로 평가받고 있다.

그 이유는 도쿠가와 이에야스가 평화를 사랑하고, 전쟁을 싫어했기 때문이다. 그는 120년간 계속된 전국시대를 귀로 듣고 겪으면서 많은 사람들이 고통받는 것을 보았고, 다시는 이런 전쟁이 일어나지 않기를 바랐다. 평화를 위해 에도 막부는 강력한 군사력을 유지하여 다른 영주(다이묘라고 함)들이 반란을 일으킬 생각조차 하지 못하게 했다. 영주들은 막부의 군사력이 두려워 반란을 일으키지 못했고, 덕분에 일본은 평화로운 시대를 오래도록 유지할 수 있었다.

당시의 군사력을 알아보면, 도요토미 히데요시가 임진왜란 때 한반도에 보낸 병사 수가 약 25만 명에서 30만 명이었다. 전체 병력의 반을 임진왜란에 보내었다고 하니 전체 병사 수는 약 50만 명으로 여겨진다. 실제적으로 도요토미 히데요시 다음으로 규모가 큰 도쿠가와 이에야스의 부대는 임진왜란에 뛰어들지 않고 일본에 머물렀다. 비슷한 시기에 세계에서 스페인군이 가장 강했는데, 병사 수가 30만 명이라 한다. 도쿠가와가 도요토미로부터 이어받은 병사가 50만 명이라고 본다면, 당시 일본군이 얼마나 강한 군대였는지 가늠이 된다. 이런 강한 군대를 각 지역의 영주에게 보여

가야의 하타 씨와 일본의 겐지 무사

줌으로써 아예 반란은 꿈도 꾸지 못하게 했다. 거기다 삼근교대(參勤交代)라 하여 각 지역의 영주는 2년에 한 번씩 에도에 1년간 머물도록 했고, 임무가 끝나고 고향으로 돌아갈 때는 아내와 아들은 에도에 남아 볼모로 잡혀 있어야 했다.

에도 막부는 사회적 안정을 유지하기 위해 법 집행을 엄격하게 하고, 범죄 예방에 노력했다. 이를 통해 백성들의 신뢰를 얻고, 사회적 안정을 유지할 수 있었다. 이런 안정된 사회 분위기 속에서 경제도 빠르게 발전했다. 당시 조선 한양의 인구가 20~30만 명으로 알려져 있는데, 도쿠가와 이에야스의 손자인 이에츠나(家綱) 시절에 에도 총인구는 약 100만 명 정도로, 에도는 세계에서 가장 큰 도시 중 하나였다. 이처럼 에도 막부 시대에는 전쟁이 거의 일어나지 않았고, 사람들은 평화롭게 살 수 있었다.

1590년 도요토미 히데요시의 명령으로 황무지로 들어간 도쿠가와 이에야스는 이곳에 동경을 건설하였다. 동경은 처음에는 에도라고 불렸는데, 이는 '동쪽의 도읍'이라는 뜻이다. 이후 1868년 메이지 유신을 계기로 동경으로 이름이 바뀌었다. 현재 동경은 요코하마를 포함한 인구는 3,800만 명으로 세계에서 가장 큰 도시이며, 세계 경제의 중심지이자 세계에서 가장 살기 좋은 도시의 하나로 일컬어진다. 자연환경이 아름답고, 교육 환경이 우수하며, 의료 시설도 잘 갖춰져 있기 때문이다.

세계 최대의 도시를 일군 도쿠가와 이에야스는 원래 마츠다이라(松平)라는 성을 가지고 있었지만 여러 번 성을 바꾸었다. 일본에서는 가족의 성씨보다 자신이 몸담고 있는 집단의 성씨를 중요하게 생각하는 경우가 많았기 때문에 성을 바꾸는 것은 흔한 일이었다. 도요토미 히데요시는 마츠다이라 씨, 겐지, 후지와라 씨, 도요토미 씨, 다시 겐지로 여러 번 성을 바꾸었지만, 특히 여러 성씨 중에서 명문 무사 집안인 겐지의 성을 좋아했다. 1603년 2월 12일, 제107대 고요제이 천황(後陽成天皇)은 62세의 도쿠가와 이에야스에게 막부의 최고 책임자인 정이대장군으로 임명한다는 선지(宣旨)를 내렸다. 여기에서 도쿠가와 이에야스는 겐지 성을 사용했다.

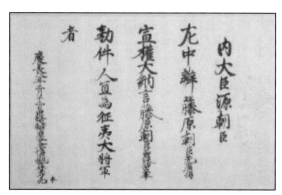

겐지 성씨를 쓴 도쿠가와 이에야스(이미지 출처: 新潟県立歴史博物館)

内大臣源朝臣(내대신 미나모토 아손)

左中辨藤原朝臣光廣殿宣

(좌중변 후지와라노 아손 미쓰히로 전하께 아룁니다.)

權大納言藤原朝臣兼勝宣奉勅

(권대납언 후지와라노 아손 가네카쓰가 삼가 칙명을 받들어 전합니다.)

件人宜爲征夷大將軍者

(해당 인물은 정이대장군에 적합한 자입니다.)

慶長八年二月十二日

(게이쵸 8년 2월 12일)

中務大輔兼右大史算博士小槻宿禰孝亮奉

(중무대보 겸 우대사 산박사 소키노 스쿠네 타카라요시 삼가 받들어 올립니다.)

가야의 하타 씨와 일본의 겐지 무사

여기서 내대신 미나모토 아손(內大臣 源朝臣)은 도쿠가와 이에야스를 가리키는데 겐지 성(源朝臣)을 사용하고 있다. 정이대장군이란 조정의 명령을 듣지 않는 변두리의 세력(규슈 지역과 홋카이도를 포함한 동북 지역)을 토벌하는 최고 책임자의 자리로, 가마쿠라 막부의 미나모토노 요리토모, 무로마치 막부의 아시카가 타카우지도 이 관직을 받았다. 이들은 모두 겐지 가문의 자손이므로 정이대장군의 벼슬을 가진 도쿠가와 이에야스도 자신이 이들을 계승한 후손이라는 의식을 가지고 있었다. 왜냐하면 겐지의 권위를 이어받아야만 명문 무사 가문으로 인정받았기 때문에 스스로 겐지라고 불렀다.

겐지 가문에서 가장 큰 어른을 '겐지장자(源氏長者)'라고 불렀는데, 이는 가문의 대표자로 가장 높은 관직에 오른 사람이 맡았으며, 제사와 재산 관리 등 중요한 일을 결정하는 책임자였다. 이 명칭은 800년대에 생겨났고, 귀족 계급만 이 자리에 오를 수 있었다.

하지만 중세 이후에는 무사의 영향력이 커졌다. 그래서 처음으로 무사의 신분으로 이 지위에 오른 사람은 무로마치 막부의 창설자인 아시카가 타카우지의 손자로 제3대 장군인 요시미츠(義滿)였다. 에도 막부를 세운 도쿠가와 이에야스도 이를 따라 자신도 후지와라 씨에서 겐지로 성을 바꾼 후, 겐지장자의 지위에 올랐다. 이후 도쿠가와 이에야스는 겐지 성으로 서명한 공식 문서나 외교문서를 많이 남겼다.

겐지는 일본 무사 중에 역대 최고의 브랜드이자 모든 무사의 롤 모델이었다.

– 700년간 사츠마국을 지배한 시마즈(島津) 씨와 겐지 가문과의 관계

『속일본기』715년 3월 15일에 부젠국에 살던 하타 씨 200가구를 지금의 가고시마현인 남규슈 사츠마국(薩摩国)으로 이주시켰다. 이는 사츠마 지역에 살던 하야토들을 중앙 정부에 따르게 하기 위한 목적이었다.

부젠국에서 사츠마국으로 이주한 하타 씨는 이 지역에 많은 영향을 끼쳤다. 그중 하나가 지명이다. 이 지역에서 가장 높은 산은 높이 1,700미터의 "가라쿠니산(韓国岳)"으로, 한국의 산이라는 의미이다. 이 산의 이름은 "산의 정상에서 보면 한국까지 보인다"는 이야기에서 유래되었다고 하지만, 실제로는 산 정상에서는 한국이 보이지 않는다.

그리고 이 지역에서 아직까지 수수께끼로 남아 있는 역사적 사건이 하나 있다. 그것은 사츠마국에서 700년 동안 다스린 시마즈 씨와 하타 씨, 그리고 겐지 가문과의 관계이다.

『삼대실록』883년 12월 2일에 하타 씨는 고래무네 씨(惟宗氏)라는 성씨를 하사 받았다. 가마쿠라 막부 시절, 고래무네 타다히사(惟宗忠久)라는 사람이 있었는데, 고래무네 히로코토(惟宗広言)와 단고노 츠보네(丹後局) 사이의 아들로 알려져 있다. 그는 이후 시마즈(島津) 씨로 성을 바꾸고, 이름도 시마즈 타다히사로 바꾸는데, 성씨를 바꾼 이유는 다음과 같다.

가마쿠라 막부의 창설자 미나모토노 요리토모는 어느 날 타다히사를 가고시마현과 그 동쪽 지역, 미야자키현, 후쿠이현의 지방장관으로 임명하여 그 지역의 군사권과 경찰권을 맡겼다. 타다히사가 남규슈 지역 전체의 지방장관으로 임명되었을 때의 나이는 그의 출생 연도가 확실하지 않기 때문에 잘 모르지만, 7살, 9살, 혹은 20살이었다는 설이 있다. 어찌 되었든 아주 어린 나이에 남규슈의 대부분을 관리하는 책임자로 임명된 것은 사실이다.

타다히사는 4개 현에 걸쳐 있는 시마즈 장원(島津莊園)을 관리하게 되었고, 이 장원은 일본에서 가장 넓은 곳이었다. 그는 이 장원의 이름을 따 시마즈 씨로 성을 바꾸었다. 이는 일본에서는 씨족이 어느 지역으로 본거지를 옮길 경우, 그 지역의 지명을 성씨로 바꾸는 경우가 흔했기 때문이다.

그러면 요리토모는 왜 어린 타다히사에게 4개국을 맡겼을까? 그 이유는 타다히사의 출생의 비밀과 관련이 있다는 주장이 있다. 타다히사는 고래무네와 단고노 츠보네 사이에서 태어난 자식으로 알려져 있지만, 일부에서는 고래무네가 타다히사의 아버지가 아니며, 단고노 츠보네가 고래무네에게 재가하면서 데려온 자식이라는 주장이 있다.

타다히사의 아버지가 누구인지는 아직도 수수께끼로 남아 있지만, 에도 막부가 1812년에 편찬한 『관정중수제가보(寬政重修諸家譜)』라는 족보책에는 흥미로운 기사가 실려 있다.

『관정중수제가보』 제108권 세이와
겐지 다메요시류 시마즈(清和源氏 為義流 島津)

(앞부분 생략) 타다히사는 원래 겐지(源氏)라고 하지만, 생모가 고래무네 히

로코토에게 재가를 하여 고래무네 씨가 되었고, 이어 후지와라 씨로 바꿨었다가 후대에 다시 겐지로 성을 되돌렸다. 시마즈 씨로 불린 것은 타다히사가 사츠마, 오스미, 휴가의 3개국의 지방장관에 임명되었을 때부터이다.

타다히사(忠久)

어릴 적 이름은 사부로(三郎).

요리토모 장군의 후예이다. 어머니는 히키 판관 요시카즈(比企判官能員)의 여동생 단고노 츠보네(丹後局)이다. 1179년 요리토모의 총애를 받아 임신했으나 본부인 마사코가 질투하여 해를 입히고자 하니, 오빠 요시카즈에게 명하여 교토로 피신하게 했다. 지금의 오사카시 스미요시에 이르러 민가에 들어가 하루 묵기를 청했으나 거절당했다. 단고노 츠보네는 지친 나머지 스미요시 신사의 구석에 있는 바위 위에서 쉬고 있었다. 갑자기 산기를 느껴 사내아이를 출산했는데, 바로 타다히사이다.

어느 날 고노에 모토미치(近衛基通)가 신사에 참배 왔다가 모자의 불쌍한 처지를 보고 가엾게 여겨 교토로 돌아가 모자의 사정을 가마쿠라에 전했다. 요리토모는 사람을 보내어 모자를 데리고 와 이 아이를 ① 사부로(三郎)로 불렀다. 이후 사부로의 생모는 고래무네 히로코토(惟宗広言)에게 재가하여 사부로는 ② 고래무네 씨가 되었다.

1185년 6월 15일에 가마쿠라 츠루오카(鶴岡)에서 요리토모를 알현하여 타다히사로 이름을 바꿨다. 1186년 1월 8일 시마즈 장원(島津荘)의 총관리인이 되었고, 이해에 ③ 이나리묘진(稲荷明神)을 모시는 신사를 창건, 이 신을 시마즈 가문의 신으로 했다. 1187년 9월 9일 사츠마(薩摩) 오스미(大隅), 휴가(日向)의 3개국의 장관이 되었으며, 가문의 이름을 시마즈 씨

가야의 하타 씨와 일본의 겐지 무사

로 정했고, 가문(家紋)을 쥬몬지(十文字)로 했다. (이하 생략)

이 책은 에도 막부의 11대 장군인 도쿠카와 이에나리(德川家齊) 때에 막부가 공식적으로 펴낸 족보책으로, 일본의 근세사를 연구하는 데 중요한 연구자료로 평가되고 있다.

위의 줄 친 부분을 자세히 들여다보면,

① 이 아이를 사부로(三郞)로 불렀다

가마쿠라 막부의 창시자 미나모토노 요리토모는 정부인 마사코와의 사이에서 2남 2녀를 두었지만, 단고노 츠보네가 낳은 남자아이를 '사부로(三郞)'라고 불렀다. 이는 일본에서 세 번째 남자아이를 부를 때 흔히 사용하는 이름으로, 요리토모가 이 남자아이를 자신의 세 번째 아들로 생각했다는 것을 의미한다.

② 이 아이는 고래무네 씨가 되었다

생모가 고래무네 히로코토에게 재가한 이유는, 스미요시 신사에서 두 모자를 발견한 사람이 고노에 모토미치인데, 마침 고래무네가 이 가문에 종사하고 있었기 때문이라 한다. 이때 요리토모가 본처 마사코를 두려워해 고래무네에게 모자를 부탁한 것으로 전해지고 있다.

하지만 요리토모가 하타 씨 가문에 자신의 아이를 맡기고 성씨까지 바꾸는 데 아무런 저항감도 없었을까 하는 의문이 제기될 수 있다. 더구나

고래무네 씨는 하타 씨의 종가 집안이다.

③ 이나리묘진(稲荷明神)을 모시는 신사를 창건하고, 시마즈 가문의 신으로 했다

이나리묘진은 하타 씨가 교토의 후시미 후카쿠사에 창건한 이나리 대사(稲荷大社)에서 모시는 신이다. 요리토모는 하타 씨와 관련이 있는 신을 자신의 세 번째 아들의 수호신으로 삼았다.

에도 시대에 막부의 중심이 동경으로 옮겨가면서, 가마쿠라는 지방의 작은 도시가 되었고, 요리토모의 묘도 돌보는 이가 없어 황폐해졌다. 그런데 당시 사츠마국의 영주인 시마즈 씨가 망가진 요리토모의 묘를 새롭게 단장하기 위해 사츠마에서 가마쿠라에 사람을 보냈다. 가마쿠라에서 1,300여 킬로미터나 떨어진 가고시마에서 왜 이런 일을 했는지 의문이 든다.

④ 가문(家紋)을 쥬몬지(十文字)로 했다

가문이란 개인이나 가문을 나타내는 심벌을 말한다.

겐지 가문의 사사린도   시마즈 가문의 쥬몬지

가야의 하타 씨와 일본의 겐지 무사

특히, 새롭게 단장한 요리토모 묘의 석물에는 가와치 겐지 가문의 문장인 사사린도(笹竜胆)와 시마즈 가문의 쥬몬지가 함께 새겨져 있는데, 이는 두 집안이 특별한 관계임을 보여준다. 이 쥬몬지 문장은 요리토모가 직접 만들어 준 것으로 알려져 있으며, 시마즈 가문은 이를 새겨 넣은 것으로 자신들이 요리토모의 후손임을 주장하고 있다.

미나모토노 요리토모와 시마즈 타다히사와의 관계는 역사적으로 명확하게 밝혀진 바가 없다. 이에 대한 다양한 가설과 추측이 있지만, 이를 뒷받침할 만한 확실한 증거가 부족하다.

또한 타다히사의 본명이 하타 씨 가문의 고래무네 타다히사가 된 이유도 명확하지 않다. 단지 타다히사의 어머니 단고노 츠보네의 재혼 상대가 고래무네 씨였기 때문에 타다히사는 고래무네 씨가 되었다는 설이 있을 뿐이다. 하지만 요리토모가 타다히사의 수호신으로 하타 씨가 교토에 세운 이나리 대사의 신인 이나리묘진으로 한 것이나, 여러 기록에서 그의 본명이 하타 씨 가문의 고래무네 타다히사로 되어 있는 것도 쉽게 설명되지 않는다.

– 메이지 유신 성공의 최대 공헌자는 사츠마 번의 시마즈 씨

가마쿠라 막부에서 시작된 무사 정권은 무로마치 막부를 거쳐 에도 막부까지 약 700년 동안 무사들이 권력을 잡고 있었다. 그런데 메이지 유신은 일본의 근대화를 추진하기 위해 에도 막부(江戶幕府)를 무너뜨리고 천황 중심의 중앙 집권 체제를 구축한 정치적 · 사회적 변혁이다. 이 사건을 통해 권력이 무사 계급에서 천황에게로 넘어간 일본 최대의 사건이었다. 이 사건을 일으킨 동맹체를 '삿쵸도히(薩長土肥)'라 부르는데, 지금의 가고시마현인 사츠마 번(薩摩藩), 야마구치현의 죠슈 번(長州藩), 고치현인 도사 번(土佐藩), 그리고 나가사키현인 히젠 번(肥前藩)의 4개 번의 첫머리를 따서 발음한 것이다.

여기서 '번(藩)'이란 에도 시대에 막부의 대장군으로부터 1만 석(石) 이상의 영지를 받은 다이묘(大名)가 통치하는 지역을 말한다. 지금의 현(県)과 비슷한 개념이라고 생각하면 이해하기 쉽다. 실제로 메이지 유신 이후 번이 통폐합되어 현으로 바뀌었고, 이 현은 지금도 일본의 지방자치단체를 가리키는 용어로 사용되고 있다. 다이묘는 번의 우두머리로, 쌀 1만 석 이상을 생산하는 영토를 소유한 무사를 말한다. '석'은 성인 1명이 1년간 소비하는 쌀의 양을 뜻한다. 따라서 100만 석을 가진 번은 백만 명을 1년간 먹여 살릴 수 있는 땅을 가지고 있다는 것을 의미한다.

무사가 세운 막부 체제에서 막부의 대장군이 천황의 권력을 위임받는 형태로 일본을 통치했다. 막부는 다이묘에게 영지를 나누어 주고, 다이묘

　　　　　　　가야의 하타 씨와 일본의 겐지 무사

는 그 영지에서 나오는 생산량에 맞춰 막부에게 세금을 바쳤다. 다이묘는 막부의 통제를 받았고, 대장군과 직접 주종관계를 맺고 있었지만, 일부 사안에 대해서는 스스로 결정하기도 했다. 그래서 막부는 번의 생산량을 자주, 엄격하게 조사했다.

삿쵸도히는 일본 서부의 4개 현이 뭉친 것인데, 이 4개 현은 왜 동맹체를 이루었을까?

여기에는 4개 현이 도쿠가와 막부에 대한 오래된 원한을 품고 있다는 공통점이 있었다.

지금의 야마구치현인 죠슈 번의 경우, 번의 통치자인 번주(藩主)는 모리 씨(毛利氏)였다. 모리 가문에서는 매년 1월 1일에 가신들이 모여 번주에게 새해 인사를 올리는 의식을 치렀다.

먼저 정월 초하루 아침, 가신들이 모여 새해 인사를 올리기 전에 번주에게 "올해는 어떻게 할까요?"라고 말을 꺼낸다. 번주는 가신의 질문을 받고 잠시 생각한 후, "아, 아직은 시기상조네"라고 답한다. 이는 "올해는 도쿠가와 막부를 넘어뜨릴 준비가 되었는데, 공격을 개시할까요?"라는 것이고, 번주의 대답은 "올해 도쿠가와 막부를 공격하는 것은 아직 시기상조네"라는 뜻이었다. 이런 의식은 도쿠가와 막부가 무너질 때까지 260년간 계속되었다. 이는 모리 가문의 후손들과 가신들에게 도쿠가와 막부가 그들에게 준 고통과 원한을 잊지 말라는 경계심과 교훈을 주기 위함이었다.

조슈 번은 120만 석을 지닌 큰 번으로, 강력한 군사력과 경제력을 보유하고 있었다. 세키가하라 전투(関ヶ原合戦)에서 서군(西軍)의 우두머리가 되어 동군(東軍)인 도쿠가와 이에야스에게 맞서 싸웠다. 1600년 10월 21일,

일본 전국을 통일한 도요토미 히데요시가 병으로 사망하자 호시탐탐 권력을 노리고 있었던 도쿠가와 이에야스는 도요토미 히데요시의 가신들과 천하를 차지하기 위해 마지막 전투를 벌이게 된다. 이 전투에서 도요토미 히데요시를 따르는 세력은 서군으로, 도쿠가와 이에야스를 따르는 세력은 동군으로 나뉘어 서로 대립했다.

평소에 도요토미 히데요시를 따르던 죠슈 번은 이 전투에서 서군의 총대장으로 전투에 참가했다. 승부는 하루 만에 동군인 도쿠가와의 승리로 끝나고 죠슈 번은 역적이 되었다. 1603년 도쿠가와 이에야스는 에도 막부를 세운 후, 자신에게 맞섰던 서군의 무사들에게 혹독한 처분을 내렸다. 그는 120만 석이었던 죠슈의 영토를 30만 석으로 줄이고, 260년 동안 죠슈 번을 견제하기 위해 여러 가지 고통을 주었다.

예를 들어, 죠슈 번이 120만 석이었을 때 거두어들인 세금을 모두 내놓아라 하고, 도쿠가와가 거주하는 에도성이나 건물을 보수할 때 비용과 노동력을 요구했다. 또한 지진이나 화재, 홍수 등의 재난 복구를 위한 경비도 죠슈 번이 부담해야 했고, 다리, 도시, 항만의 수리 경비도 내야 했다. 이러한 요구가 260년간 지속되면서 죠슈 번은 거의 파산 지경에 이르게 되었다. 이에 더 이상 견딜 수 없었던 모리 가문은 드디어 도쿠가와 막부를 무너뜨리기로 결심하였다.

사츠마국을 700년간 다스린 시마즈 씨는 미나모토노 요리토모의 후손이라는 자부심을 가지고 있었다. 이들은 자신들이 겐지 가문의 유일한 계승자라고 생각했기 때문에, 에도 막부를 세워 권력을 쥐고 있는 도쿠가와 가문에 대해 우월감을 가지고 있었다.

가야의 하타 씨와 일본의 겐지 무사

세카가하라의 전투에서 시마즈 씨가 동군이었는지, 서군이었는지는 확실하지 않다. 이때 사츠마군의 총대장은 시마즈 요시히로(島津義弘)였는데, 그는 임진왜란 때 사천성 전투에서 명나라 군대를 크게 이긴 뛰어난 장수였다. 일설에 따르면, 동군이었던 시마즈 요시히로는 교토 후시미 성에 농성 중인 아군을 돕기 위해 달려갔으나, 아군이 성의 문을 열어주지 않았다고 한다. 뒤쪽에서 서군이 쫓아오자 요시히로는 서군인 척하면서 동군 쪽으로 달려나가 겨우 몸을 피할 수 있었다 한다. 이때 도쿠가와의 군사는 요시히로를 심하게 쫓지 않았다. 전투가 끝난 후, 도쿠가와는 사츠마 번의 영지를 90만 석에서 70만 석으로 줄였을 뿐이었다.

이로부터 260년이 지난 후, 에도 막부의 마지막 대장군인 도쿠가와 요시노부는 외세의 압력 때문에 위기에 처했다. 외세에 맞서기 위해 여러 번(藩)이 모여 회의를 열었는데, 이때 사츠마 번의 시마즈 히사미츠(島津久光)도 에도에 머물고 있었다. 평소 시마즈 히사미츠를 좋지 않게 생각했던 도쿠가와는 일부러 술에 취한 척 히사미츠를 향해 "어디서 감히 X놈이!"라며 경멸했고, 여러 사람 앞에서 모욕을 당한 히사미츠는 이때 도쿠가와를 엎어야겠다고 결심하고 죠슈와 동맹을 맺었다 한다.

지금의 고치현인 도사 번은 도쿠가와로부터 지독한 대접을 받았다. 번주인 죠소가베 씨(長宗我部氏)는 가야의 이주민 하타 씨의 후손이다. 그는 세키가하라 전투에서 도요토미 히데요시 가문을 지키기 위해 서군에 섰다가 동군에게 패배했다. 그 결과, 죠소가베 가문은 멸문당하고, 다른 무사 가문이 새로운 번주가 되었다. 죠소가베 가문은 260년간 굴욕을 참으며 새로운 번주에게 저항하며 살아갔다. 메이지 유신이 일어나기 전, 도사 번의 낮은 무사 신분이었던 사카모토 료마(坂本竜馬)는 번을 탈출하여 사츠마 번과 죠슈 번의 동맹을 이끌어낸 중개인 역할을 했다.

지금의 나가사키현인 히젠 번은 도쿠가와 막부와는 큰 원한은 없었다. 나가사키에는 1600년대부터 자유 무역이 허락되어 포르투갈, 네덜란드를 비롯한 여러 나라의 서구 문물이 들어와 있었고, 이를 통해 서양의 학문과 기술을 받아들였다. 이를 바탕으로 조선, 중공업, 화학, 무기, 학문 등이 발달했다.

에도 막부를 무너뜨리기 위해 뛰어난 무기가 필요했던 죠슈 번과 사츠마 번은 히젠 번을 설득하여 동맹에 가담하도록 했다.

에도 막부를 무너뜨리고 일본을 바꾸는 데 가장 적극적인 곳은 사츠마 번이었다. 당시 사츠마 번의 12대 영주 시마즈 타다요시의 아버지 시마즈 히사미츠(島津久光)는 사츠마 번의 군대를 천황을 따르는 정부군에 제공하여 메이지 유신을 성공으로 이끌었다. 히사미츠는 사이고 타카모리(西鄕隆盛)를 총사령관으로 임명하여 사츠마 번의 군대를 지휘하게 하였다.

하지만 타카모리는 오히려 사츠마 번을 폐지하고 일본을 철저하게 천황 중심의 체제로 만들었다.

사실 히사미츠와 타카모리는 사이가 좋지 않았다. 10대 영주의 측근이었던 타카모리는 서자 출신의 히사미츠를 무시했고, 히사미츠의 아들이 12대 영주가 된 후에도 그 태도는 바뀌지 않았다. 첫 대면에서 자신을 무시하는 타카모리의 언행에 히사미츠는 입을 다물고 있었으나, 분노를 참지 못해 물고 있던 담뱃대를 잘근잘근 씹었다 한다. 이런 악연으로 타카모리는 히사미츠에 의해 두 번이나 먼 섬으로 유배되었으나 결국에 히사미츠의 도움을 받아 메이지 유신을 성공시켰다. 타카모리가 일본의 번을 없애는 데 찬성하여 사츠마 번도 폐지된다는 소식이 전해진 날 밤, 히사미츠는 사쿠라지마(桜島) 해안가의 별장에서 수백 발의 불꽃을 쏘아 올려 밤새 그 광경을 지켜보고 있었다고 한다.

결과적으로 메이지 유신을 성공시킨 사츠마 번은 가신인 타카모리에 의해 오히려 번이 사라지게 되는데, 왜 히사미츠는 타카모리에게 자신의 군대를 내놓았을까? 그 이유는 히사미츠 자신이 유서 깊은 가와치 겐지 무사 가문의 유일한 후계자라 생각했기 때문이다. 가마쿠라 막부를 세운 미나모토노 요리토모는 2남 2녀의 자식을 두었지만, 두 딸은 어린 나이에 요절했고, 2대 장군 요리이에는 23살의 나이로 암살되었다. 3대 장군 사네토모는 요리이에의 차남 구교에 의해 살해되었고, 구교는 요리토모의 처가인 호조 씨에 의해 죽임을 당했다. 가마쿠라 막부는 끝내 요리토모의 처인 마사코의 오빠들과 그의 후손들에 의해 점령되었다. 이로써 미나모토노 요리토모의 후손들은 완전히 대가 끊겼다.

나중에 호조 씨를 멸망시키고 무로마치 막부를 세운 것은 요리토모의 사촌 집안인 아시카가 타카우지로, 다시 한번 가와치 겐지 무사 가문에 의해 막부가 세워졌다. 이 무로마치 막부를 멸망시킨 것은 도쿠가와 이에야스로, 스스로 자신을 겐지라 불렀다.

1800년 초반에 이르러 천황 체제로 전환하려는 분위기 속에, 시마즈 타다히사는 가마쿠라 막부를 창설한 천하의 미나모토노 요리토모의 직계는 바로 자신뿐이고, 당시의 도쿠카와 막부는 겐지 가문의 핏줄이 아니라고 무시했다. 유신의 흐름 속에 흔들리는 도쿠가와 막부를 목격한 그는 새로운 겐지 막부를 세우려고 시도한 것으로 추측된다. 이를 위해 그는 아낌없이 타카모리에게 자신의 군사를 제공했다. 그의 이런 행동은 겐지 가문에 의한 새로운 막부, 즉 시마즈 막부(島津幕府)를 세우고자 한 것이 아닐까 추측된다.

메이지 유신을 성공시킨 샷죠도히 중 가장 영향력을 끼친 번은 죠슈 번과 사츠마 번인데, 이들은 오랫동안 일본의 정치와 군대에 큰 영향력을 끼쳤다.

1885년 이래 지금까지 죠슈 번은 총 8명의 총리 대신을 탄생시켰다. 이 중에는 초대 총리대신이자 초대 조선총독부 통감을 지낸 이토 히로부미, 아베 신조 총리의 외할아버지 기시 노부스케와 사토 에이사쿠가 있었다. 이들 8명의 총리가 일본 전체 총리 재임기간의 3분의 1을 차지하고 있고, 죠슈 번 출신 무사들은 일본 구 육군의 주력이 되었다.

사츠마 번의 경우, 죠슈 번과 같이 총 8명의 총리대신이 나왔으며, 일본 구 해군의 주력이 되었다.

가야의 하타 씨와 일본의 겐지 무사

8

겐지 무사의 성인식과
한반도의 신

– 미나모토 요시이에 삼 형제의 성인식

일본의 겐푸쿠(元服)는 머리를 빗고 관을 쓰는 우리나라의 관례와 유사한 성인식으로, 남자가 어른이 되었다는 표시로 머리 스타일과 옷을 어른식으로 바꾸고, 관을 쓰는 의식을 말한다. 일본의 경우, 옛날에는 일반적으로 12세에서 16세 사이에 행해졌으며, 귀족의 세력이 강해진 헤이안 시대(792~1185년)로 넘어갈 때는 귀족 사이에서 행해졌고, 남녀 모두가 이 의식을 치렀다. 중세에 들어와서는 무사 계급에서 성인식을 중요하게 생각했다. 성인식을 통해 소년이 전사로서 인정받고, 사회적 지위와 책임을 부여받았다. 성인식을 마친 후에는 이름을 바꾸고, 본격적으로 전투에 참여할 수 있었다.

미나모토노 요시이에와 그의 동생들도 성인식을 하면서 이름을 바꿨다. 요시이에는 '하치만타로(八幡太郎)'로 이름을 바꿨는데, '하치만'은 하치만신(八幡神-야와타 신이라고도 읽는다)을 가리키며, 타로는 장남을 말한다. 요시츠나(義綱)는 '가모지로(賀茂次郎)'로 이름을 바꿨는데, '가모'는 가모명신(賀茂明神)을 뜻하며, 지로는 차남이다. 요시미츠(義光)는 신라명신(園城寺 新羅明神) 앞에서 성인식을 올려 '신라사부로(新羅三郎)'로 불렸는데, 사부로는 삼남(三男)이다. 특히 요시미츠의 후손 오가사와라 씨(小笠原氏)는 1236년부터 1581년까지 약 300년간 집안 대대로 신라명신 앞에서 성인식을 올렸다. 이런 전통은 1395년에 편찬된 일본 유력 가문의 족보책인 『존비분맥(尊卑分脈)』과 「오가사와라 씨 계도(小笠原氏系図)」에도 기록되어 있다.

성인식은 보통 집단의 우두머리나 집안의 어른 앞에서 행하는데, 요시이에와 동생들은 신 앞에서 성인식을 올렸다. 이것을 신전 원복식(神前元服式)이라 한다.

한 연구에 따르면, 옛날 무사 104명 중 신 앞에서 성인식을 한 사람은 19명이었고, 그중 겐지 가문이 18명으로 대부분을 차지했다. 이 18명에는 겐지 삼 형제와 가마쿠라 막부를 세운 요리토모의 사촌, 그리고 요시미츠의 후손인 오가사와라 씨 14명 등이 포함된다.

그렇다면 겐지 가문은 왜 신 앞에서 성인식을 했을까? 이에 대해서는 여러 가지 추측이 있지만, 가장 그럴듯한 이유는 집단의 충성심을 높이고 구성원들의 마음을 하나로 모으기 위해서라고 한다.

일상적으로 전투에 임해야 했던 무사들에게 집단의 충성심과 구성원들의 결속력은 몹시 중요했다. 때문에 무사들은 독자적인 강한 신을 섬기고, 그 신 앞에서 성인식을 치르며 결속력을 다졌다고 말한다.

그렇다면, 다른 무사 집단들도 강한 신이 필요했을 텐데, 왜 겐지 가문만 신 앞에서 성인식을 했을까?

가야의 하타 씨와 일본의 겐지 무사

– 요시이에의 신, 야와타 신

맏형 미나모토노 요시이에는 1046년 7살의 나이로 교토 오토코야마(男
山)의 이와시미즈 하치만 궁(石淸水八幡宮)에 모셔져 있는 야와타 신(八幡神)
앞에서 성인식을 올렸다. 그런데 이 신은 부젠 하타 씨와 우사 씨가 모시
던 신으로, 규슈 오이타현의 우사하치만 궁(宇佐八幡宮)에서 모셔온 신이다.
규슈의 신을 교토로 모셔온 연유는 이러하다.

일본의 제56대 천황인 세이와 천황은 4번째 왕자로 태어났다. 어머니
가 후궁이어서 천황이 될 수 없었지만, 외할아버지가 후지와라 가문이라
형들을 제치고 생후 9개월 만에 황태자가 되었다. 아버지 문덕 천황의 병
세가 깊어지자 외할아버지는 손자를 천황으로 만들고 싶어 했다. 그래서
당시 효험이 있다고 알려진 규슈의 야와타 신에게 교코(行敎) 스님을 보내
기원을 올렸다. 그 덕분인지 9살에 천황이 되었고, 다음 해에 규슈의 야와
타 신을 교토 이와시미즈 하치만 궁으로 모셨다.

네 번째 왕자가 천황이 되는 과정은 일본의 대표적인 전쟁 문학 작품
인 『헤이케 모노가타리(平家物語)』와 『소가 모노가타리(曾我物語)』에 담겨 있
다. 아버지 문덕 천황은 첫째 아들 고레타카를 아꼈지만 네 번째 아들 고
레히토는 후지와라 가문의 외손자라 가볍게 볼 수 없었다. 그래서 사람의
판단으로는 후계자를 정할 수 없게 되었다고 생각하여, 스모(일본씨름)와 경
마 시합을 해서 이기는 쪽이 천황이 되기로 했다. 스모 시합에서 고레타
카 측의 선수가 이겼고, 경마 시합에서도 고레타카 측이 10번 중 4번을 내

리 이겼다. 하지만 고레히토 측의 스님이 기도가 부족하다고 생각하여 쇠방망이로 자신의 머리를 때리며 미친 듯이 염불을 외웠다. 그 결과, 고레히토 측이 승리하여 천황의 자리에 올랐다. 야와타 신이 도와 천황에 오르게 되었다고 생각한 외할아버지는 이 신을 교토로 모셔왔다. 이후 이 신은 천황과 수도 교토를 지키는 수호신으로 여겨져, 나라의 두 번째로 큰 종묘로 불렸다. 역대 천황이 총 240여 회에 걸쳐 방문할 정도로 국가 수호의 신사로 발전했다.

– 요시츠나의 신, 가모명신

둘째 아들 요시츠나는 교토에 있는 시모가모 신사(下鴨神社)에 모셔져 있는 가모명신 앞에서 1069년 15세의 나이로 성인식을 올렸다.

유네스코 세계 문화유산으로 정해진 시모가모 신사는 일본 황실과 깊은 관련이 있다. 앞서 얘기한 대로, 초대 천황으로 알려진 진무 천황이 규슈에서 출발해 오사카 상륙에 실패한 후, 와카야마 기이반도의 깊은 산속에서 길을 잃고 목숨을 잃을 위기에 처했을 때, '야타가라스'가 나타나 길을 밝혀주었다. 천황은 무사히 나라의 가시하라에 도착, 야마토 조정을 세웠다. 이때부터 일본의 천황가가 시작되었다 하니 야타가라스는 나라를 연 공신이다. 이 야타가라스가 모셔져 있는 곳이 바로 가모 씨가 세운 교토의 시모가모 신사로, 신의 정식 이름은 가모타케츠누미노 미코토(賀茂建角身命), 혹은 가모명신이라 하며, 이 신을 모시는 제사장은 가모 씨였다.

일본축구협회(이미지 출처: 일본축구협회) · 고구려벽화 삼족오

야타가라스는 우리나라에서는 '삼족오(三足烏)'라 하는데, 만주, 고구려의 벽화에서 볼 수 있다. 앞날을 밝혀 인도한다는 뜻에서 일본 육상 자위대 정보부대, 일본 축구 국가 대표팀의 엠블럼(유니폼의 가슴에 붙이는 문장)으로 사용하고 있다.

이 신사에서 성인식을 올린 요시츠나는 형제간의 갈등으로 인해 유배지인 사도(佐渡)에서 스스로 목숨을 끊었다. 이 때문에 가문이 끊기게 되었다. 유력 가문의 족보책인 『존비분맥』에 따르면 요시츠나는 큰형 요시이에의 아들 요시타다를 죽인 범인으로 몰려 시가현의 고우카산으로 도망쳤다. 그곳에서 5명의 아들은 모두 스스로 목숨을 끊었지만 요시츠나는 억울해서 이를 거부하고 훗날을 위해 살아남았다. 그러나 다시 사도로 귀양 간 뒤에 결국 자결했는데, 이 사건의 뒷배경은 바로 동생인 신라사부로 요시미츠였다.

겐지 삼 형제 중 큰형인 요시이에와 둘째 요시츠나는 15살 차이가 나고, 셋째 요시미츠와는 17살 차이가 났다. 큰형이 죽자 아들 요시타다가 가문의 후계자가 되었다. 그러나 셋째 요시미츠는 자신이 후계자가 되기 위해 음모를 꾸몄다. 그래서 둘째 형 요시츠나의 아들 칼을 몰래 가져와 큰형의 아들 요시타다를 죽이고 그 칼을 현장에 남겨 두었다. 이 때문에 요시츠나 가족은 위험한 상황에 처하게 되었고, 결국 유배지에서 스스로 목숨을 끊었다.

– 요시미츠의 신, 신라명신

바람(風)처럼 빠르게, 숲(林)처럼 고요하게, 불(火)처럼 공격하고, 산(山)처럼 움직이지 않는다– 풍림화산(風林火山)의 깃발 아래, 전국시대 최강의 기마군단을 자랑한 야마나시현의 맹주 다케다 신겐(武田信玄)의 선조인 미나모토노 요시미츠는 1070년 11월 15일, 14살의 나이로 시가현 오츠시 원성사 북쪽 숲속에 있는 신라명신 앞에서 성인식을 올렸다. 이 성인식을 통해 그는 신라사부로로 불리게 되었다.

형들과는 달리 미나모토노 요시미츠는 왜 교토의 크고 유명한 신사가 아닌 지방의 절에서 성인식을 올렸을까? 또, 신의 이름에 '신라'라는 외국 이름이 붙은 신라명신 앞에서 성인식을 올린 이유는 무엇일까?

겐지 무사 가문은 여러 갈래가 있는데, 그중에서도 오사카를 중심으로 활동한 가와치 겐지(河内源氏)가 가장 유명하다.

가와치 겐지의 선조인 미나모토노 요리노부(源賴信)는 서자로 태어나서 다른 형제들처럼 출세하지도 못했고, 많은 재산을 물려받지 못했다. 그래서 오사카로 활동 지역을 옮겨서, 그곳에서 새로운 가문을 열었다. 처음에는 큰 활약을 보이지 못했으나 그의 아들과 손자 미나모토노 요시이에가 열심히 노력해 동북 지방을 평정하고 가문의 이름을 널리 알렸다. 그리고 그의 4대 후손인 미나모토노 요리토모가 가마쿠라 막부를 세우고, 6대 후손인 아시카가 타카우지가 무로마치 막부를 세워서, 둘 다 일본의 무사로서는 최고 지위인 정이대장군이 되었다. 이렇게 해서, 가와치 겐지는 겐지 무사 가문 중에서 가장 강력한 가문이 되었다.

가와치 겐지와 원성사 신라명신의 관계는 겐지 삼 형제의 아버지인 요리요시부터 시작되었다.

요리요시는 자신의 아들 중 장남이며 서자인 가이요를 원성사에 제자로 보냈다. 그리고 1051년에 나라에 세금을 제대로 내지 않는 동북 지방의 아베 씨를 진압하기 위해 떠나기 전, 원성사 신라선신당(新羅善神堂)을 찾아가 만약 싸움에서 이기면 자신의 아들을 신라선신당에 바치겠다고 약속했다.

요리요시가 동북 지방을 평정하자, 약속대로 셋째 아들 요시미츠를 이곳에서 성인식을 올리게 했다. 장남 요시이에의 딸이 눈이 멀자 원성사 행관 스님이 능력을 발휘하여 눈을 뜨게 해 주었고 이에 감동한 요시이에는 눈물을 흘리면서 원성사를 집안의 절로 정했다.

요시미츠로부터 시작된 집안을 '신라겐지'라 불렀다. 신라를 일본어로 '시라기'라 발음하는데, 옛날 기록을 보면 시라기 겐지가 아닌 '신라겐지'로 정확히 발음했다. 이 집안에서 다케다, 이즈미, 사타케, 히라가, 오가사와라 등의 유명한 무사 가문이 태어났으며, 요시미츠도 아버지의 뒤를 이어 아들 각의를 원성사에 출가시켰다. 이렇게 가와치 겐지와 신라명신은 3대에 걸쳐 깊은 인연을 맺고 있었다.

신라사부로 요시미츠가 성인식을 올린 원성사에는 신라명신 좌상이 있다. 이 좌상은 다른 신들의 모습과는 크게 다른데, 아래로 처진 눈매와 붉은 입술, 그리고 짙은 이마의 주름이 특징이다.

작가 최인호는 직접 신라명신상을 참배하고 그의 소설 『해신』에서 다음

가야의 하타 씨와 일본의 겐지 무사

과 같이 묘사했다.

『해신』 제1권 2장 신라명신상

머리에는 삼각형의 검은 모자를 쓰고 있었고, 가슴까지 내려오는 흰 수염을 기른 노인은 미소를 띠고 있었다. 미소를 띠고 있는 입술은 연지를 칠한 듯 붉었으며, 살아 있어 당장 이제라도 입을 열어 무슨 말을 토해 낼 듯 움직이고 있었다. 무엇보다 충격적이었던 것은 두 개의 눈동자였다. 비현실적으로 길게 찢어지고, 눈꼬리가 극단적으로 밑으로 처진 두 눈동자는 입술처럼 붉게 충혈되어 있었는데, 그러나 그 두 개의 눈동자는 마치 살아 있는 사람의 그것처럼 생명력을 갖고 또렷또렷하게 빛나고 있었던 것이다. (중략)

높이는 70센티미터 정도일까, 실물대보다는 약간 작아 보이는 명신 좌상은 그러나 여전히 강력한 카리스마를 갖고 있었고 여전히 기적을 일으킬 수 있는 주술적인 초능력을 갖고 있는 모습이었다. 일본에서 수많은 신상들의 모습을 보았지만 이처럼 이국적이고, 특이한 신상은 처음이었던 것이었다. (자료 출처: 최인호 『海神』)

신라명신상(이미지 출처: 園城寺)

– 겐지 무사 가문의 신전 성인식에 대한 학설

겐지 무사 가문은 세이와 천황(淸和源氏)의 자손인 세이와 겐지에서 시작되었다. 이 세이와 겐지는 제56대 세이와 천황(淸和天皇, 재위 기간 858-876년)의 자손이라 한다. 천황의 자손이면 왕족인데, 어떻게 무사가 되었을까?

헤이안 시대에는 천황가의 가족 중, 왕위 계승의 가능성이 없어진 왕족을 신하의 신분으로 바꾸는 제도가 있었다. 왕자가 많이 태어나면 시간이 지날수록 왕족이 많아져서 왕실의 재정을 곤란하게 하였다. 이 재정난을 피하기 위해 왕위 계승의 가능성이 없는 왕족은 새로운 성을 주어 신하의 신분으로 바꾸었다. 이것을 신하의 신분으로 떨어진다는 의미의 '신적강하(臣籍降下)'라 한다. 이 제도는 주로 어머니의 신분에 따라 결정되었다.

세이와 천황의 여러 왕자 중에는 신하의 신분으로 떨어져 '겐지(源氏)'라는 성을 받은 왕족들이 있었다. 처음에는 좋은 관직을 받을 수 있었지만, 시간이 지나면서 왕족의 수가 늘어나자, 관직을 얻기 어려워졌고 생활도 힘들어졌다. 그래서 일부는 무사가 되어 무사단을 만들었다. 그중 하나가 세이와 겐지 무사단이고, 이 가문에서 갈라져 나온 가와치 겐지 무사단에는 미나모토노 요시이에, 요시츠나, 요시미츠 삼 형제가 속해 있다.

세이와 겐지 무사단을 세운 사람은 미나모토노 미츠나카(源滿仲)이며 효고현을 중심으로 활동했다. 그의 셋째 아들인 요리노부(賴信)가 가와치 겐지 무사단을 만들었다. 요리노부는 큰형인 요리미츠보다 20살 어렸고, 아버지가 나이가 들어 얻은 아들이었다. 그는 서자 출신으로, 세이와 겐지 가문의 후계자가 될 수 없는 신분이었다.

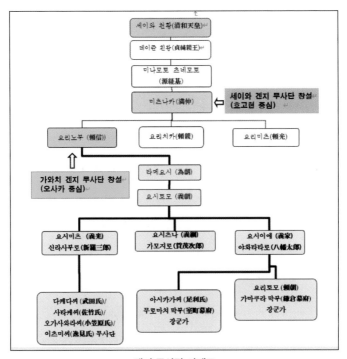

겐지 무사단 가계도

그러나 그의 후손인 미나모토노 요리토모가 1185년에 가마쿠라 막부를 창설하고, 또 다른 후손인 아시카가 타카우지가 1336년에 무로마치 막부를 세운 후에는 가와치 겐지가 세이와 겐지 가문의 계승자가 되었다. 이 가와치 겐지는 일본 역사상 가장 유명한 무사 가문이 되었다. 그런데 왜 한반도의 신 앞에서 성인식을 했을까?

가와치 겐지 가문의 신전 성인식은 특별한 일이었기 때문에 많은 학자들이 그 이유를 해석했다.

사회학자 아리카 키자에몬(有賀喜左衛門)은 "가문의 신이라고 해서 (집안) 제사의 신이나 자신의 선조와 관계없으며, (주군이나) 영주의 신을 자신의 족보로 가져가는 행위는 그 신을 일정 지역의 수호신으로 만든다"고 하여, 가문의 신이 꼭 자신의 혈연과 관계 있어야 한다는 상식을 무시했다. 이 말은 야와타 신이 비록 겐지 가문의 신이 아니더라도, 그 신을 무사 가문의 신으로 모셔오면, 그 신이 무사 가문의 수호신이 된다는 뜻이다.

교육학자 오가타 야스히로(尾形裕康)는 신전 성인식에 대해 "적당한 가관자(加冠者)가 없는 경우, 혹은 관례적으로 정해져 있는 가관자가 불평등하다고 생각될 때, 이 가관자를 거부하고 어쩔 수 없이 신 앞에서 성인식을 하는 경우가 있다"고 했다. 이는 가와치 무사 가문의 상황을 이해한 것으로 보인다.

일반적으로 중세 무사의 성인식에는 주군이나 집안의 어른이 어린이에게 에보시(烏帽子)라는 모자를 씌워주는데, 이 의식을 통해 부모와 자식의 관계가 맺어진다. 그런데 이 모자를 씌워주는 사람이 마음에 들지 않을 때, 스스로 신을 선택해 성인식을 했다는 분석이다.

실제로 미나모토노 요리노부는 미츠나카의 서자로 태어났으며, 큰형보다 24살이나 어렸다. 그는 아버지의 모든 재산이 큰형에게 가고, 자신의 출세가 더딘 것에 대해 아버지에게 서운함을 느꼈다. 그래서 손자들의 성인식에서 집안의 어른인 아버지를 무시하고, 대신 신 앞에서 성인식을 했다는 주장이다.

최근 연구에서는 이런 주장도 있다.

오야마 신이치(大山真一)는 "(무사들은 자신들의) 경제력을 보장해 주는 영지를 지키기 위해 무력과 권위를 정당화하고, 부하들을 통제하기 위한 사상이나 신앙을 통일시킬 필요가 있었다. 이를 위해서는 조정으로부터 권위가 주어진 유서 깊은 신을 통해 신앙의 통제와 구축이 이루어졌다"고 했다.

즉, 야와타 신을 가문의 신으로 모신 이유는 신앙의 통제와 무사 집단의 결속력을 강화하기 위해서였다는 주장이다.

이런 주장에 대해 "그러면 다른 무사 집단은 왜 통제와 결속력을 강화하기 위해 천황이 내린 신을 이용하지 않았는가? 왜 겐지 무사 가문만이 신전 성인식을 했는가?" 하는 의문이 생긴다.

어떤 학자들은 삼 형제의 신전 성인식이 일본 중세의 정치적 상황과 종교적 상황 때문에 일어났다고 생각한다.

도야마 코이치(砥山洸一)의 주장에 따르면, 차남 요시츠나의 성인식은 시모가모 신사에서 일어난 신주(神主)의 살해 사건과 관련이 있다고 한다. 이 사건 이후, 어린 신주가 힘 있는 무사집단인 가와치 겐지의 도움을 받기 위해 요시츠나의 성인식을 이용했다는 것이다. 또 삼남 요시미츠의 성인식은 천태종의 산문파와 사문파의 대립과 관련이 있다고 한다. 이 대립 속에서 위기를 느낀 사문파가 강력한 무사집단인 가와치 겐지를 자신의 편으로 만들기 위해 요시미츠의 성인식을 이용했다는 것이다.

한편 지형학적 입장에서 신전 성인식을 해석하기도 한다.

이와시미즈 하치만 궁과 시모가모 신사에서 성인식을 올린 것은 전략

적으로 중요한 지점을 차지하여 왕성을 수호한다는 의미가 있다는 주장
이다.

　장남인 요시이에가 성인식을 올린 이와시미즈 하치만 궁은 교토후 야
와타시(京都府八幡市)에 있다. 이곳은 일본의 큰 강인 기즈강, 우지강, 그리고
요도강이 만나는 곳에 위치해 있다. 이는 전략적으로 중요한 위치이기 때
문에, 남쪽의 중요한 지역을 차지하여 왕성인 교토를 지킨다는 의미로 이
곳을 성인식 장소로 선택했다는 것이다.

　반면, 차남은 대궐의 북쪽에 위치한 시모가모 신사에서 성인식을 올렸는
데, 이는 북쪽을 방어하여 왕성을 보호한다는 의미가 있었다고 해석했다.

　이 주장은 설득력이 있지만, 삼남 요시미츠가 교토에서 멀리 떨어진 시
가현의 신라명신 앞에서 성인식을 한 것은 설명하기 어렵다.

- 신전 성인식에 대한 비판

미나모토노 요시이에는 1046년 1월 11일 7살의 나이로 이와시미즈 하치만 궁의 야와타 신 앞에서 성인식을 올렸다. 그런데 야와타 신과의 관계는 그의 할아버지인 요리노부로부터 시작된다.

1046년에 요리노부는 히비키노시의 후루이치(大阪府羽曳野市古市)에 있는 오진 천황의 능 앞에서 제사를 지냈다. 그리고 이때 다음과 같은 제문(祭文)을 남겼다.

증조 요세이 천황(陽成天皇)은 오진 천황의 18대손이며, 요리노부는 요세이 천황의 4대손이다.

미나모토노 요리노부는 요세이 천황의 4대 후손이고, 요세이 천황은 야와타 신인 오진 천황의 18대 후손이라고 한다. 즉 요리노부는 천황의 핏줄을 이어받은 천황의 자손이라는 것이다.

그런데 위의 제문에서 한 가지 논란이 되고 있는 부분이 있다.

세이와 겐지는 일반적으로 세이와 천황의 자손으로 알려져 있지만, 요리노부는 위의 제문에서 세이와 천황의 동생인 요세이 천황의 후손이라고 말했다.

이 제문은 후세의 역사학자들 사이에서 심한 논쟁을 불러일으켰다. 요세이 천황은 9살의 어린 나이에 즉위하여 궁중 내 인신 사건에 연루되는 등 불상사로 인해 17살에 퇴위했기 때문이다.

가와치 겐지의 조상은 세이와 천황으로 알려져 있는데, 요리노부는 그의 동생인 요세이 천황의 후손이라고 주장하면서 기존의 계보와 맞지 않게 되었다. 이 제문은 이와시미즈 하치만 궁에 보관되어 있으며, 많은 학자들은 이 문서가 위조되었다고 반박하고 있다. 이 논쟁은 아직도 결론이 나지 않았다.

이 문제는 복잡한 역사적 · 정치적 문제와 관련이 있어서, 이 논쟁에 대해 자세히 이야기하는 것은 이 글의 범위를 벗어나는 것이다.

한편 요리노부는 자신이 야와타 신인 오진 천황의 자손임을 선언하고, 그의 손자 요시이에를 야와타 신 앞에서 성인식을 치르게 했다. 이 행동은 자신의 가문인 가와치 겐지가 천황의 피를 이어받은 명문 가문임을 세상에 알리고, 야와타 신을 가와치 겐지 가문의 신으로 독점하기 위한 것이라고 역사학자들은 해석하고 있다.

앞서 이야기한 대로, 후세 학자들은 야와타 신이 어떻게 가와치 겐지 가문만의 신이 될 수 있는지 회의적이었다. 원래 사가 천황(嵯峨天皇)이 신분이 바뀐 자손들에게 내린 성씨이므로, 가와치 겐지만의 신이 아닌, 겐지 가문 전체의 신이라고 주장했다. 요리노부가 이 신을 자신의 족보에 옮겨가는 것은 단지 수호신의 의미가 있을 뿐이라고 했다.

학자들은 이러한 요리노부의 행동에 대해 회의적인 시각을 가지고 있다. 좀 더 자세하게 역사학자들이 가지고 있는 의견과 비판을 들어보자.

역사학자 이마노 요시노부(今野慶信)는 "동시대의 사료에 의해 확인된 것은 아니다"라고 부정적인 입장을 취했다. 이는 삼 형제의 성인식에 대한 사료가 부족하기 때문이다. 그들의 성인식에 대한 역사적 자료를 찾아보면 거의 존재하지 않는다는 것을 알 수 있다.

1395년 후지와라 킨사다(藤原公定)에 의해 편찬된 고대 씨족의 족보책인 『존비분맥(尊卑分脈)』에도 삼 형제의 신전 성인식이 있었다는 기록은 있지만, 언제 행해졌는지는 나와 있지 않다. 다행히 삼남 요시미츠의 후손인 오가사와라 가문에서 만든 「오가사와라 계도(小笠原氏系図)」에는 성인식 날짜와 장소가 나와 있다.

에도 시대의 국문학자 반 노부토모는 「와카사국 신명장사고(若狭国神名帳私考)」라는 책에서 신전 성인식에 대해 언급하고 있다. 그래서 많은 사람들이 이 의식을 역사적인 사실로 받아들이고 있다. 하지만 반 노부토모는 야와타 신이 겐지 무사 가문만의 씨족 신이라고 생각하는 것에는 의문을 가지고 있었다.

반 노부토모와 같이 야와타 신을 한 가문만 독점하는 것에 의문을 가지는 사람들이 많다.

에도 시대의 연구가 이세 사다타케(伊勢貞丈)는 "(만약 장남인) 요시이에를 야와타 타로로 부른다고 해서 야와타 신을 가문의 신으로 한다면, (차남인) 요시츠나 가문의 신은 가모 신, (삼남인) 요시미츠 가문의 신은 신라명신이 되어야 한다. 형제끼리 다른 종류의 신을 자신의 가문의 신으로 모신다는 것은 있을 수 없는 일이다. 그러므로 가문의 신이라기보다 수호신으로 부르는 것이 맞다"고 했다.

신도(神道)학자 미야치 나오이치(宮地直一)는 "사가 천황이 왕자들에게 겐지의 성을 내리면서 야와타 신을 그 가문의 신으로 정해 주었다. 그 후로 교토의 이와시미즈 하치만 궁은 나라의 제2의 종묘가 되었다. 그렇기 때문에 이 신을 가와치 겐지 가문만의 신으로 하는 것은 이치에 맞지 않는다. (그 이유는) 나중에 가와치 겐지에 권력이 집중되면서 그 집안만의 신이 되었을 뿐이다"고 하였다.

　여러 역사학자는 삼 형제의 신전 성인식이 실제로 있었다는 사실은 대부분 인정하지만, 그들이 모신 신이 가와치 겐지 가문의 신이라고 보는 것에 대해서는 부정적인 시각을 가지고 있다.

– 아버지와 아들의 나이가 뒤바뀌다

세이와 겐지 무사단을 만든 미나모토노 미츠나카의 아버지는 츠네모토 (経基)이며, 세이와 천황의 여섯 번째 아들인 데이쥰(貞純: 사다즈미) 왕자의 아들이다.

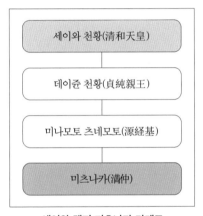

세이와 겐지 미츠나카 가계도

세이와 천황에게는 7명의 왕자가 있었고, 데이쥰 왕자는 그중 한 명이다. 그의 아들 츠네모토는 왕족에서 신하로 신분이 바뀐 후, 관직을 얻지 못해 무사의 길을 걷게 되었다.

그런데 아버지 미나모토노 츠네모토와 아들 미츠나카의 연령에 이상한 점이 있다.

족보책 『존비분맥』에는 츠네모토가 961년 45세로 사망했다고 나와 있다. 그래서 그의 출생 연도는 916년으로 추정된다. 그런데 아들인 미츠나카의 출생은 912년으로 되어 있고, 에도 시대의 족보집 『계도찬요(系図纂要)』에는 897년으로 나와 있다. 이렇게 되면 아들이 아버지보다 먼저 태어난 것이 된다.

물론 헤이안 시대나 중세 시대의 생년월일이 정확하지 않은 것은 흔한 일이기는 하나, 『존비분맥』이 편찬된 1395년은 가와치 겐지의 후손인 아시카가 요시모치(足利義持)가 무로마치 막부의 4대 장군으로 28년간 재임하던 시기다. 이 책은 연대 표기에 있어서 일부 오기와 혼동이 있고, 후세의 가필이나 정정의 흔적이 있지만, 족보학 연구에 있어서 기본이 되는 책으로 평가받고 있다. 이런 신뢰감이 있는 책에서 겐지 무사 가문의 조상인 츠네모토와 그의 아들 미츠나카의 출생 연도가 반대로 기록되어 있는 것은 이상한 일이다.

다른 족보책에서는 이 부자의 출생과 사망 연도가 어떻게 기록되어 있는가를 살펴보자.

다음은 옛 문서에 기록된 아버지와 아들의 출생 연도를 정리한 표이다.

아버지와 아들의 연령 비교

	문헌	존비분맥 (尊卑分脈)	오가사와라 계도 (小笠原系図)	세이와겐지 계도 (清和源氏図)	계도강요 (系図綱要)	계도종람 (系図統覧)
출생	츠네모토	미표기	890.02.12	미표기	미표기	미표기
	미츠나카	912	912.04.08	미표기	미표기	미표기
사망	츠네모토	45세 사망	958.11.10(69세)	미표기	미표기	미표기
	미츠나카	997(85세)	997(85세)	미표기	997(85세)	미표기

가야의 하타 씨와 일본의 겐지 무사

여러 역사서 중에서 오가사와라 가계도를 제외하고는 아버지 츠네모토의 출생과 사망 연도를 알 수 없다. 그래서 미츠나카와의 나이 차이도 알 수 없다. 하지만 다행히 『존비분맥』에는 츠네모토의 사망 연도에 대한 기록이 남아 있다.

『신편찬도 본조 존비분맥계보 잡류요집(新編纂図本朝尊卑分脈系譜雑類要集)』 8권, 세이와 겐지(清和源氏) (上)

961년 6월 15일 처음으로 겐지아소미(源朝臣)의 성을 하사받았다.
한 해 걸러 신유년(961년) 11월 4일 사망, 45세.

위 족보책에 따르면 츠네모토는 961년에 45세의 나이로 사망했다고 기록되어 있어 출생 연도는 916년으로 알려져 있다. 최근에는 『일본인명대사전』, 『일본국어대사전』, 『일본대백과전서』, 『국사대사전』, 『디지털대사전』 등의 사전에서도 츠네모토의 출생 연도를 916년으로 표기하거나, 사망 연도만 961년으로 표기하고 있다.

한편 위의 사전에는 아들 미츠나카의 출생 연도를 912년, 사망 연도를 997년으로 똑같이 기록하고 있다. 결론적으로 아들 미츠나카의 나이가 아버지 츠네모토보다 4살이나 연상이 된다.

역사학자 오쿠토미 타카유키(奧富敬之)는 『세이와 겐지의 전가계(清和源氏の全家系)』라는 책에서 신하의 신분으로 내려앉은 미나모토노 츠네모토와 아들 미츠나카의 출생 연도에 대한 의문을 표시한 바 있다.

1100년 전의 출생 기록은 신뢰하기 어렵지만, 여러 문헌과 현대의 사전류를 참고해 보면 단순히 오기나 누락으로 보기 어렵다. 따라서 세이와 겐지 무사단의 출신에 대해 의문을 가지는 것도 일리가 있다.

가야의 하타 씨와 일본의 겐지 무사

– 세이와 겐지 무사단과 한반도 이주민 하타 씨와의 접점

가와치 겐지 무사단을 세운 미나모토노 노부요리가 오진 천황의 능 앞에서 자신이 오진 천황의 자손이며, 야와타 신이 가문의 신이라고 하며 손자 요시이에의 성인식을 야와타 신 앞에서 올렸다.

이에 대해 많은 학자들은 야와타 신은 사가 천황이 왕족에서 신하로 신분이 바뀐 자손들에게 내린 신이지, 가와치 겐지 무사만을 위한 신은 아니라고 비판했다.

비록 1100년 전의 일이기는 하나, 세이와 겐지 가문의 시초인 미나모토노 츠네요시와 아들 미츠나카의 출생 연도가 거꾸로 되어 있어, 아버지가 아들보다 나이가 어린 기록이 나타났다.

이런 부정적인 시각과 기록의 오류는 잠시 접어두고, 겐지 삼 형제의 신전 성인식의 이유를 다른 측면에서 생각해 보자. 이를 위해, 먼저 겐지 무사단의 창시자인 미나모토노 미츠나카와 한반도에서 건너온 하타 씨가 어떤 관계인지 살펴보자.

세이와 겐지 무사와 하타 씨의 관계에 대한 역사적 자료나 연구결과는 거의 없다. 유일하게 야마다 시게오(山田繁夫)가 『법연과 하타 씨(法然と秦氏)』에서 세이와 천황의 6번째 왕자인 사다즈미(데이쥰)의 아들로, 신적강하를 통해 "황족에서 신하로 신분이 바뀐 츠네모토가 막강한 경제력을 가졌던 하타 씨에 의지하여 가문을 일으켰다. 그의 아들 미츠나카는 토착화

한 하타 씨와 결합하여 무사단을 형성하여 셋츠국(摂津国: 지금의 효고현)에 셋츠겐지(摂津源氏) 무사단을 일으켰다"고 했으나, 아무런 구체적 증거는 제시하지 않았다.

그러나 위의 야마다 시게오의 주장 중에, 세이와 겐지와 하타 씨의 관계를 알 수 있는 중요한 내용이 들어 있다. 그는 "츠네모토가 막강한 경제력을 가졌던 하타 씨에 의지하여 가문을 일으켰다. 미츠나카는 토착화한 하타 씨와 결합하여 무사단을 형성했다"고 언급했다.

이 말은 츠네모토가 하타 씨의 경제력을 활용해 가문을 일으켰으며, 그의 아들 미츠나카는 하타 씨와 연대하여 무사단을 창설했다는 의미로 해석할 수 있다. 미츠나카는 지금의 효고현인 셋츠국의 수령을 지낼 당시, 큰 경제력을 가진 하타 씨와 협력하여 타다 광산을 손에 넣고 이를 바탕으로 막대한 부를 축적했을 가능성이 크다. 그리고 하타 씨의 막강한 경제력은 타다 광산에서 오랫동안 일하며 축적된 재산이 그 원천이었을 것이다.

헤이안 시대의 무사집단은 정부의 정규군이 아닌 사병 조직이므로, 경쟁 상대인 다른 무사단보다 강해지기 위해 훈련장과 조직원을 고용할 자금도 필요했다. 미츠나카는 타다은산(多田銀山)에서 생산되는 막대한 은과 동을 통해 이를 충족시킬 수 있었고, 세이와 겐지 무사들의 경제적 기반이 되었다.

타다 은산의 광맥이 지나가는 지금의 가와니시시, 아마자키시, 다카라츠카시, 이케다시, 미노시, 스이타시에는 하타 씨의 집단 거주지가 있었다. 하타 씨는 오래전부터 이 지역에서 광부로 일하며 세력을 키웠고, 이미 700년대 후반에는 전국적으로 영향력을 행사하며 교토의 궁궐 건설에 참

가야의 하타 씨와 일본의 겐지 무사

여할 정도의 경제력을 보유하고 있었다. 그러므로 미츠나카가 타다 은산을 손에 넣었을 무렵인 970년경의 하타 씨는 이미 상당한 재력을 갖추고 있었을 것으로 추측된다.

바로 이 시기에 미츠나카와 하타 씨의 접점이 있었을 것이다. 신분이 바뀌어 경제적으로 어려움을 겪던 세이와 겐지 무사가 부유한 하타 씨와 결합하여 세이와 겐지 무사단의 기초를 마련했던 것으로 보인다.

그러면 같은 시대에 무사단과 지역의 토박이 세력이 결합한 사례가 있었는지 알아보자.

왕족에서 신분이 바뀐 우다 겐지(宇多源氏)의 예를 보면, 우다 겐지의 스케요시라는 사람이 지금의 시가현인 오미국의 세력가 사사키 씨와 결합, 사사키 장원에 들어가 오미 겐지(近江源氏)라는 무사단을 만든 사례가 있다.

제59대 우다 천황(宇多天皇, 재위기간 887-897)의 8번째 왕자의 아들인 마사노부(雅信)는 신적강하하여 우다 겐지(宇多源氏)라는 성을 내려받았다. 그의 자손 중에 미나모토노 스케요시(源扶義)가 지금의 시가현인 오미국(近江国) 가모군 사사키 장원(蒲生郡佐々木荘)에 내려가 그곳의 세력가 사사키 씨(佐々木氏)와 결합, 오미 겐지(近江源氏)라는 무사집단이 탄생했다. 우다 겐지는 사사키 씨가 옛날부터 모시던 신을 없애 버리고, 대신 우다 씨의 선조인 아츠미 왕자를 새로운 신으로 모셨다.

사사키 씨가 우다 겐지와 합친 이유는 이 결합을 통해 사사키 씨의 신분이 높아지는 것을 원했기 때문일 것이다. 반대로 경제적 어려움을 겪던 우다 겐지가 부유한 사사키 씨와 연대하여 우다 겐지 무사단을 창설했을 가능성도 크다. 이와 마찬가지로 하타 씨와 세이와 겐지가 결합한 것도 같은 이유가 아닐까?

미츠나카와 하타 씨의 관계를 보여주는 또 다른 사례로 타타노(多太) 신사가 있다.

미츠나카는 970년 아들 겐켄(源賢)에게 타다 장원 안에 천태종 사찰인 타다인(多田院)을 세우게 한 다음, 타다 은산을 본격적으로 개발했다.

타타노 신사는 미츠나카가 근거지로 한 타다 장원의 영지 내에 있었고, 미츠나카가 이 장원에 들어왔을 때는 이미 존재하고 있었다. 927년에 편찬된 전국의 신사 목록인『연희식 신명장(延喜式神明帳)』에는 야마토국 가츠죠군(葛上郡)과 효고현 가와베군(河辺郡)에 같은 이름의 타타노 신사(多太神社)가 있다고 기록되어 있다. 가츠죠군은 지금의 나라현 고세시로, 285년 한반도에서 건너온 하타 씨가 모여 살던 곳이고, 효고현 가와베군은 가와니시시와 그 부근의 지역으로 타다은산이 있으며, 하타 씨의 집단 거주지역이다.

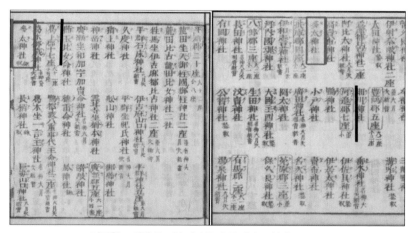

나라현 고세와 효고현 다다인 내의 다타노 신사(多太神社)
(이미지 출처: 일본 국립국회도서관 디지털콜렉션)

가야의 하타 씨와 일본의 겐지 무사

그런데 나라현 가츠죠군에 있는 타타노 신사는 효고현 타타노 신사의 본사이다. 이 신사가 위치한 곳은 하타 씨가 처음으로 정착한 가츠라기 고세의 아사즈마(朝妻) 부근으로, 신사와 아사즈마 마을은 지도상으로 약 3.8km 떨어져 있다.

고세(가츠죠군)의 타타노 신사가 모시는 신은 가야에서 온 이주민으로 미와 씨, 가모 씨의 조상인 오타타네코(大田々根子)이다. '오타타네코'라는 신의 이름에는 타타(田々)라는 문자가 포함되어 있는데, 이 문자는 세이와 겐지 무사단의 근거지인 타다 장원에 있는 타타노 신사의 이름에도 들어가 있다.

요시오카 노리아키(吉岡範明)는 『고사기 전략(古事記伝略)』에서 오타타네코의 '타타'는 지명이라고 주장했다. 그는 『연희식 신명장』에 나오는 가와베군의 타타노 신사가 타다 장원 내의 히라노 마을에 있다는 점을 근거로 제시하며, 가츠라기 고세의 타타노 신사와 가와베군에 있는 타타노 신사, 그리고 오타타네코가 서로 밀접한 관계가 있다고 지적했다.

메이지 시대에 정부의 신불분리(神仏分離) 정책으로 인해 이 타타노 신사는 타후토 신사로 이름을 바꾸고, 모시던 신도 가야 이주민 오타타네코에서 장원을 접수한 미나모토노 미츠나카로 바꾸었다. 그러나 타후토 신사(多太神社)도 타타노 신사(多太神社)도 사실은 발음만 다를 뿐이지, 같은 이름이다.

이처럼 신을 바꾼 것은 우다 겐지가 사사키 씨의 신을 없애고 자신들의 선조로 바꾼 것과 같은 사례이다.

이러한 사실들은 미나모토노 미츠나카와 하타 씨가 서로 밀접한 관계를 가지고 있었다는 것을 보여준다. 미츠나카가 970년에 타다은산에 들어왔을 때, 이미 가야 이주민의 신인 오타타네코를 모시는 타타노 신사가 있었다는 것은 이 지역에 하타 씨들이 살고 있었다는 것을 다시 한번 확인시켜 준다.

역사학자 가토 겐키치(加藤謙吉)의 저서『하타 씨와 그 백성(秦氏とその民)』에 따르면, 타다은산의 광맥이 지나가는 데시마군(현재의 이케다시, 도요나카시, 미노오시, 스이타시, 이나가와쵸, 도요노군, 노세쵸)과 **가와베군**(현재의 가와니시시, 이타미시, 아마자키시, 다카라츠카시)은 **하타 씨의 집단 거주지역이었다.** 따라서 미나모토노 미츠나카는 타다은산이나 그 부근에 살고 있던 하타 씨와 결합하여 세이와 겐지 무사단을 형성했을 가능성이 크다.

겐지 무사와 하타 씨의 접점을 찾는 데 있어, 오랜 기간 재력을 쌓은 하타 씨가 신적강하로 신분이 바뀐 츠네모토와 결합하여 하타 씨 자체가 겐지 무사단이 되었다는 조심스러운 추측도 가능하다. 이에 따라, 세이와 겐지로부터 분리한 가와치 겐지의 창설자 요리노부가 손자 요시이에 삼 형제를 하타 씨와 깊은 연관이 있는 야와타 신, 가모 신, 신라명신 앞에서 성인식을 올리게 한 것도 그 근본은 하타 씨에 있다는 추론이 가능하다.

약 700년간 권력의 한 축으로 존재했던 막부를 창설한 가와치 겐지와 고대 한반도 낙동강 유역에서 도래하여 일본의 고대를 건설한 명문 씨족 하타 씨가 약 1000년이라는 긴 세월 속에서 셋츠국의 타다은산을 매개로 결합하여 밀접한 관계를 형성했다고 주장한다.

· 마치면서 ·

필자가 이 책을 써나가는 동안, IT 기술의 발전으로 인해 역사 기록에 대한 접근이 용이해진 것에 큰 고마움을 느꼈다.

이 책의 가장 큰 주제는 고대의 명문 씨족인 한반도 도래인 하타 씨와 일본의 700년 무사 정권의 문을 연 겐지 무사 가문과의 연결고리를 찾는 것이다.

일본의 중세 이후, 막부란 천황의 권력을 위임받아 행사하는 무사 집단이라고 하지만, 사실은 무사 정권이 실질적으로 일본을 지배했다. 특히 겐지 가문은 400년간 일본을 지배하였고, 뒤를 이어 에도 막부를 세운 도쿠가와 이에야스도 자신이 겐지라고 주장했을 정도였다. 삿쵸도히 동맹에 의해 메이지 유신이 성공하고, 근대국가가 형성되었다고 해도, 그 성공 요인 중의 하나는 겐지 가문의 후손이라는 사츠마 번(가고시마현)의 시마즈 씨가 에도 막부를 무너뜨리고 새 막부를 세우겠다는 욕망이었다고 생각한다. 메이지 정부가 수립되었어도 그 속을 들여다보면, 일본은 삿쵸도히의 주력인 사츠마 번과 조슈 번(야마구치현)에 의해 일본이 움직이고 있었다. 그만큼 겐지 가문은 일본의 역사를 만들어온 집단이었다. 이런 겐지 가문과 한반도 이주민 하타 씨는 깊은 연계가 있다고 필자는 주장하고 있다.

필자의 주장의 근거는 역사적 기록에 있다. 이 기록을 찾아가면서 머리에 떠올랐던 것은, 왜 우리의 선배들은 이 씨족에 대해 깊이 있는 연구를 하지 않았을까 하는 의문이었다.

여기에 대한 이유나 배경은 여러 가지가 있을 수 있겠지만, 필자가 생각하는 가장 큰 이유는 역사적 자료의 획득 문제였을 것이다. 선배들이 자료를 얻는 방법은 종이책을 통한 수집이었을 것이다. 그런데 옛 문헌들은 대부분 귀중본으로 분류되어 각 대학의 비밀스러운 장소에 소장되어 따로 관리를 받고 있다. 필자 또한 일본의 대학을 졸업했는데, 옛 자료를 얻기 위해서는 중앙도서관 지하에 있는 귀중본 서고에 출입 신청을 하고, 담당자의 허락을 받은 후에야 들어갈 수 있었다. 시간도 오래 걸리고, 지하에서 먼지에 쌓인 옛 문헌을 들여다본다는 것은 그렇게 쉬운 일이 아니었다.

이런 상황에서 선배들은 자료를 수집하는 데 많은 어려움을 겪었을 것이다. 그리고 이런 어려움은 선배들이 역사적 사실을 정확하게 파악하는 데에도 영향을 미쳤다고 생각한다.

학부를 졸업하고 25년여가 지나, 젊은 날의 꿈을 되찾기 위해 이른 퇴직을 하고 학교로 돌아왔을 때, 세상은 너무나 바뀌어 있었다. 더 이상 100년 묵은 책을 직접 찾지 않아도 되는 전자책이 인터넷에 널려 있었다. IT 기술의 눈부신 발전으로 검색창에 단어를 넣기만 하면 단 몇 초 만에 옛 기록을 손에 넣을 수 있는 세상이 되었다. 단순 반복되는 스캔 작업을 이겨낸 작업자들의 노고 덕분에, 지하실에 묻혀 있던 어마어마한 역사의 기록들이 세상의 빛을 보게 되었다. 더 많은 전자책을 만들어 내면서, 우리는 그동안 알지 못했던 역사적 사실과 쉽게 마주하게 되었다. 전자화된 일본의 육국사(六国史)에 '하타(秦)'라는 단어를 입력하는 순간, 모르고 있던 관

가야의 하타 씨와 일본의 겐지 무사

런 기록들이 쏟아져 나왔다.

이로 인해 역사적 사실에 대한 접근성이 높아지면서, 묻혀 있던 의미 있는 자료를 손에 넣을 수 있게 되었다. 선배들이 생각할 수 없었던 좋은 환경 속에서, 필자는 역사상 민감한 사건 중 하나인 하타 씨와 겐지 가문의 관계를 이렇게 '겁없이' 다루고 있다. 이러한 변화는 역사가 더 이상 일부 계층의 전유물이 아닌, 모든 사람들이 공유하고 논의할 수 있는 투명하고 공평한 영역이 되었다는 것을 의미한다.

물론 하타 씨에 대한 연구의 부족으로, 현재 필자가 주장하는 내용들이 오해일 수도 있고, 틀릴 수도 있다. 그러나 누군가가 이 책을 읽고 흥미를 가지게 되고, 또 다른 검색을 통해 그 오해와 잘못을 따져준다면 필자는 그것만으로도 의미가 있다고 생각한다.

한편으로 검색에 의해 손쉽게 1800년 전의 역사 기록을 발견하더라도, 그 기록의 사실성과 진실성에는 항상 의문을 가져야 한다고 생각한다. 기록의 사실성에 입각해서 어떤 사건에 대해 자신의 주장을 펼치더라도, 상황에 대한 보편적 인식이 더욱 중요하고 우선되어야 한다. 때로는 해석의 차이, 시대 상황의 변화로 인해 논란이 일어나기 때문이다.

예를 들면, 이 책에서 시모노세키시에 있는 이미노미야 신사의 기념비에 하타 씨의 선조 공만왕이 중국인이라고 새겨져 있는 것에 대해 필자는 이를 가야인이라고 주장했다. 이 주장이 단순히 기념비의 기록만을 근거로 한 것이 아니더라도, 공만왕이 가야인 출신이라고 주장하는 순간, 필자는 또 다른 오류를 범하게 된다.

하타 씨가 중국의 진나라에서 한반도 남해안 지역으로 이주한 후, 일본으로 건너가기까지 700년이 걸렸다. 이 때문에 하타 씨는 이미 가야인이라고 주장할 수 있다. 그러나 『일본서기』에 따르면 하타 씨가 일본에 처음 도착한 것이 서기 200년경이라고 한다. 이 기록의 사실성을 믿는다면 하타 씨의 후손들은 일본에서 1,800년 이상 생활한 것이 된다. 따라서 하타 씨가 가야인의 후손이라고 단정하는 것은 큰 의미가 없으며, 새로운 논리의 오류를 범할 수도 있다.

역사적 사실을 밝히는 것은 쉬운 일이 아니며, 기록의 부족이나 해석의 차이로 인해 논란이 일어나기도 한다. 그러므로 역사적 사실에 대한 보편적 인식이 필요하며, 이를 통해 역사적 진실에 더욱 가까워질 수 있다고 생각한다.

우리가 사는 세상은 언제나 새로운 기록의 발견과 또 다른 해석에 의해 변화하고 발전해 왔다. 이 책 역시 그러한 작은 시도 중 하나일 뿐이며, 한 명의 독자라도 이 책을 통해 새로운 시각과 지식을 얻을 수 있다면, 그리고 고대의 하타 씨에 대한 관심을 끌어낼 수 있다면, 이 책은 그 가치를 충분히 다한 것이라 생각한다.

・참고문헌・

국문 문헌

金文経(1987), 「唐・日文化交流와新羅神信仰」·『東方学志』Vol.54, 延世大学校国学研究院, pp.141-165.

金祥圭(2007), 「三輪山伝承考」『일어일문학』제35집, 대한일어일문학회, p.231.

金富軾, 『三国史記』卷三十五 雜誌第四 蔚珍郡 (국사편찬위원회 한국사데이터베이스).

金泰瀁(2000), 「新羅明神考」『日本文化学報』9, 韓国日本文化学会, pp.165-184.

金賢旭(2005), 「秦氏と八幡信仰」『일어일문학연구』54권 2호, 한국일어일문학회.

노성환(2012), 「일본 현지설화를 통해서 본 연오랑과 세오녀의 정착지」『일어일문학』56, 대한일어일문학회, p.329.

백승옥(2017), 「가야의 개념, 그리고 그 위치와 영역」『내일을 여는 역사』68집, 내일을 여는 역사재단, pp.140-141.

『三国遺事』卷第一, 紀異第一, 「延烏郎 細烏女」.

『三国遺史』卷第二, 紀異第二武王, 무왕의 출생.

『三国遺史』卷 第二, 紀異第二, 後百濟. 甄萱.

서보경(2012), 「新撰姓氏録의 편찬과 목적」『한일관계사 연구』41, 한일관계사학회, p.51.

윤명철(1995), 「해양조건을 통해 본 고대 한일 관계사의 이해」『日本学』14권. 동국대학교일본학연구소, pp.85-87.

李炳魯(2006), 「日本での新羅神と張保皐」『東北亜文化研究』第十輯東北亜細亜文化学会, pp.319-341.

李炳魯(2010), 「円珍の唐留学と新羅人」·『啓明大學校・挑山學院大學國際學術セミナ

　　→』Vol. 2010 No.3, 啓明大學校産業經營研究所, pp.23-28.

崔景振(2017), 「秦氏と賀茂氏の係わりについての考察」『東北亜文化研究』第50輯, 東北
　　亜細亜文化学会, pp.303-323.

崔景振・金祥圭(2017), 「秦氏と新羅明神との係わりについて」『동북아 문화연구』52집,
　　동북아시아문화학회, p.411.

일문 문헌

蘆田伊人(1930), 「雲陽誌巻之五・仁多郡」『大日本地誌大系』第27巻, 雄山閣, p.151. (国
　　会デジタル)

阿部真司(1993), 「古代三輪君の一考察」『高知医科大学一般教育紀要』九号 高知医科大
　　学, p.3.

鮎貝房之進(1938), 『雑攷・第二輯』下巻 (大和岩雄, 『秦氏の研究』로부터 책명을 인용함).

有賀喜左衛門(1967), 「先祖と氏神」『民族学研究』32/3, 日本民族学会, p.181.

飯沼賢司(1997), 「八幡大菩薩の登場の歴史的背景-聖武天皇の国家構想と関連して」『史
　　学論叢』27号, 別府大学史学研究会, pp.51-52.

石原進・丸山竜平(1984), 『古代近江の朝鮮』新人物往来社, pp.222-231.

伊藤常足編(1908), 『太宰管内志』中巻, 日本歴史学会 豊前之二, (田川郡上).

井上光貞(1962), 「賀茂県主の研究」『日本古代史論集』上巻, 吉川弘文館.

井上満郎(1999), 『古代の日本と渡来人』, 明石書店, pp.108-109.

今野慶信(2017), 「鎌倉武家社会における元服儀式の確立と変質」『駒沢女子大学研究紀
　　要』第24号, 駒沢女子大学, p.38.

上田正昭 편(2004), 『三輪山の神々』, 学生社.

太田亮(1942), 『姓氏家系大辞典』国民社 (国会デジタル, 검색일 2019.06.21).

大山真一(2012), 「武門源氏の思想と信仰」『日本大学綜合社会情報研究科紀要』No.13,

　　　日本大学綜合社会情報研究科, p.83.

大和岩雄(2016), 『秦氏の研究』, 大和書房, pp.203-205.

尾形裕康(1950), 「成年礼の史的考察」『日本学士院紀要』第8巻3号, 日本学士院, p.383.

奥富敬之(1988), 『清和源氏の全家系』, 新人物往来社, pp.36-39.

加藤謙吉(2000), 『秦氏とその民』, 百水社, pp.25, 77-89, 81-89, 94-96.

亀井輝一朗(2011), 「古代宗像氏と宗像信仰」『宗像・沖ノ島と関連遺産群研究報告I』宗
　　　像. 沖ノ島と関連遺産群 世界遺産推進会議、, p.112.

国土交通省社会資本整備審議会都市計画・歴史的風土分科会 第5回歴史的風土部会議
　　　事要, 資料5-2, p.9(平成15年11月13日). 『古今著聞集』巻二 釈教.

『釈日本紀』, 巻十三「筑紫国造磐井」(国史大系第7巻 所収. 経済雑誌社編, 1897).

小学館(1994), 「豊前国風土記 鹿春郷」『新編日本古典文学全集』, 小学館, p. 548.

関晃(2009), 『帰化人』, 講談社学術文庫, pp.112-113.

瀬間正之(2018), 「高句麗・百済・新羅の建国神話と日本」『東洋文化研究』第20, 東洋文
　　　化研究, pp.150-151.

田中嗣人(2004), 「賀茂祭考」『華頂博物館学研究』vol.11, pp.3-7.

瀧浪貞子(1990), 「大仏造立への道程:聖武天皇の彷徨五年」研究紀要 (03), 京都女子大学
　　　宗教文化研究所, p.87.

辻善之助(1915), 「新羅明人考」・『日本仏教史研究』第一巻, 岩波書店.

唐魏徴等奉敕撰(1844), 『隋書』85巻〔25〕, 列伝 倭国 高松講道館 コマ17 (國会デジタル).

東京帝国大学文学部史料編纂所編(1909), 「宇佐八幡宮弥勒寺建立縁起」『大日本古文書』
　　　家わけ四ノ二. 東京帝国大学, コマ17 (國会図書館デジタル).

泊勝美(1974), 『古代九州の新羅王国』, 新人物往来社, p.75.

砥山洸一(2007), 「河内源氏の神前元服とその背景」皇学舘論叢 第40巻 第6号, 皇学舘,
　　　p.70.

中野幡能(1975),『八幡信仰の研究について』「八幡信仰史の研究」上巻, 吉川弘文舘.

中前正志(2003),『大谷学報』「園城寺縁起の享受」第82巻第1号, 大谷大学, p.20.

中村修也(2004),『秦氏とカモ氏』, 臨川書店, p.86.

奈良文化財研究所,『古代地名検索システム』.

伴信友(1907),『瀬見小川』三之巻, 国会刊行会, pp.306-307.

肥後和男(1945),「賀茂伝説考」『日本神話研究』河出書房 第5版, p.255.

平野邦雄(1961),「秦氏の研究」(二)『史学雑誌』第七十輯, 史学会, pp.61-62, p.73.

北条勝貴(1997),「松尾大社における市杵嶋姫命の鎮座について」『国立歴史民族博物館研究報告』第72集, 国立歴史民族博物館, p.47.

塙保己一編(1898),「秦氏本系帳」本朝月令『群書類従』第五輯 巻第八十一, コマ52 (国会図書館デジタル).

松前健(1975),「三輪山伝説と大神氏」『山邊道』19, 天理大学国語国文学会, p.9.

松村恵司,「木簡庫」奈良文化財研究所 (https://mokkanko.nabunken.go.jp/ja/).

宮地直一(1932),「平安期における新羅明神」『園城寺之研究』, 天台宗寺門派御遠忌事務局編.

山尾幸久(외 2명의 저자)(1985),『古代最大の内戦磐井の乱』, 大和書房.

山田繁夫(2009),『法然と秦氏』, 学研パブリッジング, p.94.

吉野裕(1975),「タタラと大田田根子の話」日本文学24巻 8号,『日本文学会』, pp.79-81.

• 겐지 무사단 가계도 •

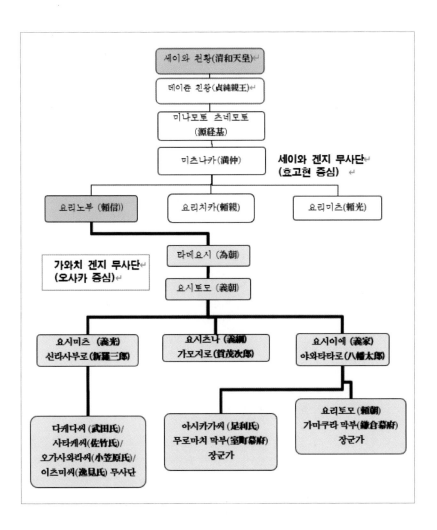

세이와 천황(淸和天皇)

데이준 친왕(貞純親王)

미나모토 츠네모토
(源経基)

미츠나카(満仲) — **세이와 겐지 무사단
(효고현 중심)**

요리노부 (頼信) 요리치카(頼親) 요리미츠(頼光)

**가와치 겐지 무사단
(오사카 중심)**

타메요시 (為朝)

요시토모 (義朝)

요시미츠 (義光)
신라사부로(新羅三郎)

요시츠나 (義綱)
가모지로(賀茂次郎)

요시이에 (義家)
야와타타로(八幡太郎)

다케다씨 (武田氏)/
사타케씨(佐竹氏)/
오가사와라씨(小笠原氏)/
이츠미씨(逸見氏) 무사단

아시카가씨 (足利氏)
무로마치 막부(室町幕府)
장군가

요리토모 (頼朝)
가마쿠라 막부(鎌倉幕府)
장군가

미나모토노 미츠나카-겐지 무사단의 창설자.

미나모토노 요리노부-미나모토노 미츠나카의 아들. 오사카를 중심으로 한 가와치 겐
　　지 무사단을 창설함. 이 무사단에서 가마쿠라 막부, 무로마치 막부를 연 미나모
　　토노 요리토모, 아시키가 타카우지가 태어나, 겐지 무사단의 적자가 됨.

미나모토노 요리토모-가마쿠라 막부를 창설하여 무사 정권 700년의 문을 엶.

미나모토노 요시미츠-미나모토노 요시이에의 동생. 겐지 삼 형제 중 셋째.
　　신라명신 앞에서 성인식을 올려 신라사부로로 불림.

미나모토노 요시이에-미나모토노 요리노부의 손자로, 겐지 삼 형제 중 첫째.
　　야와타 신 앞에서 성인식을 올려 야와타 타로로 불림.

미나모토노 요시츠나-미나모토노 요시이에의 동생. 겐지 삼 형제 중 둘째.
　　가모명신 앞에서 성인식을 올려 가모명신으로 불림.

미나모토노 츠네모토-겐지 무사단을 세운 미나모토노 미츠나카의 아버지.

미나모토노 타메요시-겐지 삼 형제의 할아버지.

미나모토노 타카우지-무로마치 막부를 세운 아시카가 타카우지와 같은 인물.

미나모토노 요시토모-가마쿠라 막부를 세운 미나모토노 요리토모의 아버지.
　　미나모토노 타메요시의 아들로, 호겐의 난에서 아버지를 처형하게 됨.

　　　　　　　　　　　　　　　　가야의 하타 씨와 일본의 겐지 무사

• 일본의 현 •

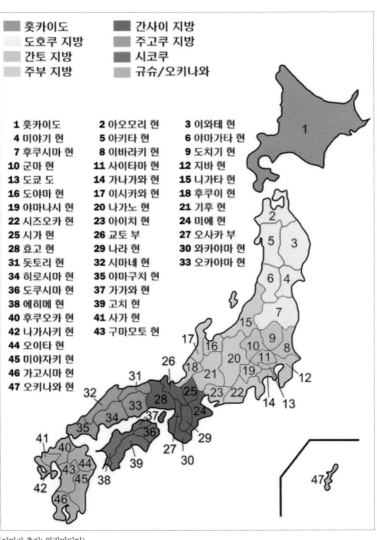

■ 홋카이도	■ 간사이 지방
■ 도호쿠 지방	■ 주고쿠 지방
■ 간토 지방	■ 시코쿠
■ 주부 지방	■ 규슈/오키나와

1 홋카이도	2 아오모리 현	3 이와테 현
4 미야기 현	5 아키타 현	6 야마가타 현
7 후쿠시마 현	8 이바라키 현	9 도치기 현
10 군마 현	11 사이타마 현	12 지바 현
13 도쿄 도	14 가나가와 현	15 니가타 현
16 도야마 현	17 이시카와 현	18 후쿠이 현
19 야마나시 현	20 나가노 현	21 기후 현
22 시즈오카 현	23 아이치 현	24 미에 현
25 시가 현	26 교토 부	27 오사카 부
28 효고 현	29 나라 현	30 와카야마 현
31 돗토리 현	32 시마네 현	33 오카야마 현
34 히로시마 현	35 야마구치 현	
36 도쿠시마 현	37 가가와 현	
38 에히메 현	39 고치 현	
40 후쿠오카 현	41 사가 현	
42 나가사키 현	43 구마모토 현	
44 오이타 현		
45 미야자키 현		
46 가고시마 현		
47 오키나와 현		

(이미지 출처: 위키미디어)

ㄱ

가라시마 오키나가 오히메 오메노 미코토(辛国息長大姬大目命)-하타 씨 일족이 가와라 광산에서 모시던 가야의 여신. 야와타 신의 원형.

가모명신-교토 시모가모 신사에서 모시는 신으로, 미나모토노 요시츠네가 성인식에서 모시던 신.

가모지로-미나모토노 요시츠네가 성인식을 올린 후 바꾼 이름.

가모타케츠누미노 미코토-가모명신의 정식 이름.

가와치 겐지-세이와 겐지 무사단에서 갈라져 나온 무사단. 오사카를 본거지로 활동함.

가츠라기 소츠히코-나라현 가츠라기 지역의 호족. 하타 씨와 가모 씨를 가츠라기로 데려옴.

겐지-음으로 읽으면 겐지, 한자의 뜻으로 읽으면 미나모토.

고레무네-하타 씨가 조정으로부터 내려받은 성씨. 하타 씨의 큰집.

고레무네 타다히사-고레무네 히로코토와 단고노 츠보내의 아들. 그러나 사실은 미나모토노 요리 토모의 아들일 가능성이 크다.

고레무네 히로코토-고레무네(시마즈) 타다히사의 아버지. 그러나 사실이 아닐 수가 있음.

공만왕-하타 씨의 선조로, 궁월군의 아버지. 시모노세키에 상륙하여 정착.

구와하라-경남 양산의 백성이 나라현 고세에 끌려와 거주한 지역.

궁월군-가야에 있던 120현의 백성을 이끌고 오진 천황 시절 일본으로 이주. 공만왕의 아들.

기내 하타 씨-교토 부근를 중심으로 모여 살던 하타 씨.

나카오에 왕자-후에 덴치 천황에 즉위함. 을사의 변에서 소가 이루카를 죽임.

나카토미 카마타리-나카오에 왕자를 도와 소가 이루카를 죽임.

다이라노 키요모리-겐지의 경쟁 상대인 헤이케의 우두머리. 헤이케로도 읽고, 다이라
로도 읽음.

단고노 츠보네-시마즈(고래무네) 타다히사의 어머니. 미나모토노 요리토모의 측실.

덴무 천황-나카오에 왕자

덴치 천황-덴무 천황의 동생

도쿠가와 이에야스-에도(동경)에 도쿠가와 막부를 세움.

미나모토 씨-음으로 읽으면 겐지, 한자의 뜻으로 읽으면 미나모토.

미나모토노 미츠나카-겐지 무사단의 창설자.

미나모토노 요리노부-미나모토노 미츠나카의 아들. 오사카를 중심으로 한 가와치 겐
지 무사단을 창설함.

미나모토노 요리토모-가마쿠라 막부를 창설하여 무사 정권 700년의 문을 엶.

미나모토노 요시미츠-미나모토노 요시이에의 동생. 겐지 삼 형제 중 셋째.
신라명신 앞에서 성인식을 올려 신라사부로로 불림.

미나모토노 요시이에-미나모토노 요리노부의 손자로, 겐지 삼 형제 중 첫째.
야와타 신 앞에서 성인식을 올려 야와타 타로로 불림.

미나모토노 요시츠나-미나모토노 요시이에의 동생. 겐지 삼 형제 중 둘째.
가모명신 앞에서 성인식을 올려 가모명신으로 불림.

미나모토노 츠네모토-겐지 무사단을 세운 미나모토노 미츠나카의 아버지.

미나모토노 타메요시-겐지 삼 형제의 할아버지.

미나모토노 타카우지-무로마치 막부를 세운 아시카가 타카우지와 같은 인물.

미나모토노 요시토모-가마쿠라 막부를 세운 미나모토노 요리토모의 아버지.
미나모토노 타메요시의 아들로, 호겐의 난에서 아버지를 처형하게 됨.

미와 신사-일본에서 가장 오래된 신사 중의 하나로, 가야의 이주민인 미와 씨가 이 신사의 제사장이 됨.

미와 씨-광개토왕의 가야 침공 시, 가야에서 난을 피해 일본으로 이주함. 미와 신사의 제사장이 되며, 가모 씨와 동족.

ㅂ

배세청-수나라의 일본 사절. 북규슈를 지나가며 진왕국을 발견함.

배청-배세청과 동일임.

부젠 하타 씨-규슈 지역에 모여 살던 하타 씨 집단. 교토 부근에 모여 살던 기내 하타 씨와 더불어 하타 씨 중 가장 큰 규모를 자랑. 야와타 신을 모심.

ㅅ

사이고 타카모리-시마즈 히사미츠의 신하. 메이지 유신을 성공시킴. 시마즈로부터 군사지원을 받아 승리한 후, 오히려 자신이 속해 있던 사츠마 번을 없애는 데 동의함.

세이와 겐지-세이와 천황의 자식이었으나 신분이 신하로 바뀐 왕족들로 세이와 천황으로부터 겐지(미나모토)의 성을 하사받음.

세이와 천황-천황으로 즉위할 가능성이 없는 왕자들을 신하로 신분을 바꾸고, 겐지라는 성을 하사함. 겐지 무사단도 신분이 바뀐 왕자의 자손이라고 함.

가야의 하타 씨와 일본의 겐지 무사

소가 이루카-교코쿠 천황 시절에 천황을 넘볼 정도의 세도가로, 일사의 변에서 나카오에 왕자와 나카토미 카마타리에게 죽임을 당함.

스사노오노 미코토-일본 황실의 신이 아마테라스노 오미카미의 동생으로, 신라에서 돌아왔다고 전해짐.

시마즈(고래무네) 타다히사-미나모토노 요리토모의 숨겨진 아들로서, 하타 씨인 고래무네 씨에서 시마즈 씨로 성씨를 바꿈. 지금의 가고시마현인 사츠마 번을 700년 간 지배한 시마즈 씨의 원조.

신공 황후-오진 천황의 어머니로, 중애 천황의 왕비. 신라의 왕자 아메노히보코의 자손으로 일본서기에서는 삼한을 두 차례나 정복했다고 함.

신라겐지-겐지 삼 형제 중 셋째인 미나모토노 요시미츠가 신라명신 앞에서 성인식을 올린 후 신라사부로로 불리었고, 그들을 신라겐지라 불렀다.

신라명신-겐지 삼 형제 중 미나모토노 요시미츠가 성인식을 올릴 때 모신 신.

신라사부로-미나모토노 요시미츠가 신라명신 앞에서 성인식을 올린 후, 바꾼 이름(통칭이라 한다).

ㅇ

아마테라스노 오미카미-일본 황실의 신. 스사노오노 미토의 누나.

아메노히보코-신라의 왕자로 아주 먼 옛날(기원전) 일본으로 이주. 신공 황후의 선조.

아시카가 타카우지-무로마치 막부의 창설자. 미나모토노 타카우지와 동일인.

아지스키 타카히코네-나라현 고세의 다카카모 신사에서 모시는 신. 철(鉄)의 신.

야와타 신-하타 씨가 모시던 신. 오이타현 우사하치만 궁에서 모시는 신. 일본에서 이 신을 모시는 신사가 가장 많음.

에치하타노 미야츠코 다쿠츠-하타 씨 일족으로 시가현을 중심으로 활동한 무사. 백촌강의 전투에서 전사함.

오가 씨-야와타 신을 모시던 우사 씨를 대신하여 조정에서 내려보낸 종교인. 하타 씨의 신과 우사 씨의 신을 합친 초기 야와타 신에다 오진 천황과 신공황부를 더해 현재의 야와타 3신을 완성시킨 장본인.

오가사와라 가문-겐지 삼 형제 중, 셋째인 미나모토노 요시미츠의 자손들.

오진 천황-신공 황후의 아들로, 오가 씨에 의해 야와타 신의 주신으로 모셔짐. 오진 천황 시절, 한반도에서 가장 많은 이주민이 일본에 들어오게 됨.

오타타네코-미와 신사의 미와 씨와 가모 씨의 선조. 가야의 토기인 스에키를 만들던 사카이시에 거주함.

요세이 천황-세이와 천황의 동생. 미나모토노 요리노부가 자신들의 선조가 흔히 알려진 세이와 천황이 아니고, 요세이 천황이라고 함. 이로 인해 지금까지도 해결되지 않는 논쟁의 씨가 됨. 요세이 천황은 인신사고에 연관되어 17살의 나이로 퇴위함.

우다 겐지-천황이 왕자 중에 천황으로 즉위할 가능성이 없는 왕자들을 신하로 신분을 내리면서 하사한 성이 겐지인데, 여러 겐지 중에 우다 천황 계열의 겐지를 우다 겐지라 함.

우사 씨-하타 씨와 더불어 초기 야와타 신을 만든 후, 야와타 신을 모시게 됨. 규슈 최대의 난인 이와이의 난에서 이와이에 협조하였다 하여 조정으로부터 압력을 받아 역사에서 사라짐. 후에 다시 복귀하게 됨. 일본서기에도 나오는 명문가의 하나.

우사하치만 궁-오이타현 우사시에 있는 신사로 일본 전국의 야와타 신사(하치만 신사)의 본사.

우즈마사-하타 씨의 일족으로, 하타 씨가 비단을 산더미처럼 조정에 올렸다 하여, 그 모습을 나타낸 단어인데, 당시의 천황이 이를 성씨로 하타 씨에게 하사함. 지금도 교토의 지명으로 남아 있음.

원성사-시가현 오츠시에 있는 사찰. 신라명신이 신라선신당에 모셔져 있으며, 가와치 겐지 무사들이 모시는 사찰.

이나리 대사-하타 씨가 교토 후시미에 세운 신사.

이나히노 미코토-초대 천왕인 진무 천황의 형님. 신라 왕의 선조라고 함.

이치기시마노 히메-아마테라스 오미카미가 낳은 3명의 여신 중 한 명. 이 여신이 하타 씨가 세운 교토의 마츠오 대사의 신으로 모시고 있음.

ㅈ

중애 천황-오진 천황의 아버지로, 신공 황후의 남편. 이 시절에 하타 씨의 선조인 공만 왕이 시모노세키로 들어와 누에씨를 바침.

진무 천황-일본의 초대 천황. 스사노오노 미코토가 낳은 5명의 왕자 중에 장남의 계통.

ㅌ

타다노 신사-효고현 타다 은광에 있던 신사의 이름. 가야 이주민 오타타네코를 신으로 모셨으나, 메이지 유신 이후 타다 은광을 접수한 미나모토노 미츠나카로 신을 바꿈. 하타 씨가 거주한 나라현 가츠라기 고세에도 같은 이름의 신사가 있음.

타다 은광-하타 씨가 집단 거주지를 이룬 지역에 있는 광산. 겐지 무사단의 창시자 미나모토노 미츠나카가 이 광산을 접수하여 겐지 무사단의 기반으로 함.

ㅎ

하치만타로-겐지 삼 형제 중에 첫째인 미나모토노 요시이에가 야와타 신 앞에서 성인식을 마친 후 바뀐 이름.

하타 가와카츠-하타 씨의 선조. 부자로 소문났으며, 일본의 천년 수도였던 교토의 헤이안쿄 정전인 태극전이 하타 가와카츠의 집터로 알려져 있음.

하타 사케키미-일본의 천황 유락 천황의 최측근으로 일본서기에 등장함.

하타노 오츠치-일본서기에서 킨메이 천황의 최측근으로, 재정을 담당함.

헤이지-다이라라고도 발음함. 겐지의 경쟁 상대.

호조 마사코-가마쿠라 막부를 세운 미나모토노 요리토모의 아내.

호조 씨-호조 마사코의 친정. 미나모토노 요리토모 일가가 사망하자 가마쿠라 막부를 이어받아 약 150년간 통치함. 이후 겐지 무사 가문의 아시카가 타카우지에게 패하여 가마쿠라 막부가 사라지고 무로마치 막부가 들어서게 됨.

히노 토미코-무로마치 막부의 8대 장군 아시카가 요사마사의 아내. 아들의 장군 승계 를 위해 세력을 불러모은 결과, 100년간 계속된 전국시대를 유발시킴.

ㄱ

가도노 강(葛野川)-교토의 가츠라강(桂川)

가도노군(葛野郡)-교토후 교토시(京都府京都市) 기타쿠(北区), 나카교쿠(中京区), 시모교쿠
(下京区), 미나미쿠(南区), 사쿄쿠(左京区), 우쿄쿠(右京区)

가라시마 마을(辛島郷)-오이타현 우사시 가라시마(大分県宇佐市辛島)

가라코 유적(唐古遺跡)-나라현 시키군 다와라모토쵸 오아자 가라코(奈良県磯城郡田原本町大
字唐古)

가마쿠라 막부(鎌倉幕府)-가나가와현 가마쿠라시(神奈川県鎌倉市)

가모군(蒲生郡)-시가현 가모군(滋賀県蒲生郡)

가모 삼 사-나라현 고세시에 있는 3개의 가모 신사

가모츠바 신사(鴨都波神社)-나라현 고세시 미야마에쵸(奈良県御所市宮前町)

가스야군(糟屋郡)-후쿠오카현 가스야군(福岡県糟屋郡)

가시하라(橿原市)-나라현 가시하라시(奈良県橿原市)

가와라산(香春山)-후쿠오카현 다가와군 오아자 가와라쵸 사이도쇼(福岡県田川郡大字香春町
採銅所)

가와베군(河辺郡 혹은 川辺郡)-효고현 가와베군(兵庫県川辺郡), 가와니시시(川西市), 다카라츠
카시(宝塚市), 이타미시(伊丹市), 도요노쵸(豊能町) 일부

가와치국(河内国)-오사카후(大阪府) 동부

가이(甲斐)-야마나시현(山梨県)

가츠라기 고세(葛城御所)-나라현 고세시(奈良県御所市)

가츠라기 미토시 신사(葛城御歳神社)-나라현 고세시 오아자 히가시모츠타(奈良県御所市大

字束持田)

가츠죠군(葛上郡)-나라현 고세시(奈良県御所市)

간자키군(神崎郡)-① 시가현 히코네시(滋賀県彦根市)와 히가시 오우미시(束近江市)지역, ②

효고현 간자키군(兵庫県神崎郡)

게히우라(筍飯浦)-후쿠이현 츠루가 만(福井県敦賀湾)

고세(御所)-나라현 고세시(奈良県御所市)

고우게군(上毛郡)-후쿠오카현 부젠시(福岡県豊前市)와 오이타현 나카츠시(大分県中津市) 일부

고치 마을(互智里)-히메지시 미타치 · 타데라 · 츠츠이 · 야마부키(姫路市御立 · 田寺 · 辻

井 · 山吹) 부근

관동지방(関束地方)-동경(東京), 이바리기(茨城), 도치기(栃木), 군마(群馬), 사이타마(埼玉),

치바(千葉), 가나가와(神奈川)현을 중심으로 한 지역

관문해협-북규슈로부터 세토나이 해로 들어가는 좁은 해협

구니쿄(恭仁京)-나라현 기즈가와시 가모쵸(奈良縣木津川市加茂町)

구와하라(桑原)-고세시 이케노우치(御所市池之内)

기이국(紀伊国)-와카야마현(和歌山県)

기이군 후카쿠사 마을(紀伊郡深草里)-교토시 후시미구 후카쿠사(京都市伏見区深草)

기타노 우미지(北の海路)-한반도로 가는 뱃길

ㄴ

나가오카쿄(長岡京)-나라현 나가오카시(奈良県長岡京市)

나가토국(長門国)-야마구치현(山口県) 서부 지역

나니와(難波)-오사카

나니와호리에(難波堀江)-오사카후 오사카시 오가와(大阪府大阪市大川)

나카유노무라(中湯野村)-시마네현 니타군 오쿠이즈모쵸 고오리(島根県仁多郡奥出雲町郡)가
메다케 역(亀嵩駅)

나카츠군(仲津郡)-후쿠오카현 유키하시시(福岡県行橋市)

남죠군 이마죠 마을(南条郡今庄村)-후쿠이현 남죠군 미나미에치젠쵸 이마죠(福井県南条郡
南越前町今庄)

니시나리군(西成郡)-오사카의 요도가와(淀川) 하구 지역

ㄷ

다가와군 가와라다케(田川郡香春岳)-후쿠오가현 다가와시 가와루쵸(福岡県田川市香春町)

다와라모토쵸(田原本町)-나라현 시키군 다와라모토쵸(奈良県磯城郡田原本町)

다자이후(太宰府)-후쿠오카현 다자이시(福岡県太宰府市)

다지마국(但馬国)-효고현(兵庫県) 북부 지역

다카미야(高宮)-나라현 고세시가모가미·후시미·다카마(奈良県御所市鴨神·伏見·高天)
지역

다카카모 신사(高鴨神社)-나라현 고세시 오아자 가모가미(奈良県御所市大字鴨神)

다케다씨(武田氏)-옛 히타치국 나카군 다케다 마을(常陸国那珂郡武田郷) 출신.
현재 이바리키현 히타치 나카시 다케다(茨城県ひたちなか市武田)

다타라츠(跢鞴津)-한국 부산시 다대포

데가리오카(手狩丘)-효고현 히메지시 데가라(兵庫県姫路市手柄)

데시마군(豊島郡)-오사카후 이케타시(大阪府池田市), 미노오시(箕面市) 부근

도리카미미네(鳥上峰)-시마네현 니타군 오쿠이즈모쵸 센츠우산(島根県仁多郡奥出雲町舩通山)

도사 번(土佐藩)-고치현(高知県)

ㅁ

마츠다이라 마을(三河国賀茂郡松平郷)-아이치현 도요타시(愛知県豊田市)

마츠오 대사(松尾大社)-교토후 교토시 사쿄(京都府京都市左京区)

만다 제방(茨田堤)-오사카후 네야가와시(大阪府寝屋川市)에 있는 제방

맛타군(茨田郡)-오사카후 네야가와시(大阪府寝屋川市)

무나가타 가네자키(宗像鐘崎)-후쿠오카현 무나가타시 가네자키 항(福岡県宗像市鐘崎港)

무나가타군(宗像郡)-후쿠오카현 무나가타시(福岡県宗像市)

무사시국(武蔵国)-동경도(東京都), 가나가와현(神奈川県), 사이타마현(埼玉県)일부 지역

무츠국(陸奥国)-이와테현(岩手県), 미야기현(宮城県), 후쿠시마현(福島県), 아키타현(秋田県) 지역

미게군(三毛郡)-후쿠오카현 부젠시(福岡県豊前市) 일부와 오이타현 나카츠시(大分県中津市) 일부

미모로산(御諸山)-나라현 사쿠라이시 미와산(奈良県桜井市三輪山)

미야코군(京都郡)-후쿠오카현 미야코군(福岡県京都郡)

미오야 카미(御祖神)-시모가모 신사(下鴨神社)

미와 신사(三輪神社)-나라현 사쿠라이시 미와(奈良県桜井市三輪)

미츠게군(三毛郡)-후쿠오카현 부젠시 · 치쿠죠군(福岡県豊前市 · 築上郡) 일부 지역과 오이타현 나카츠시(大分県中津市) 일부 지역

미카와국(三河国)-아이치현(愛知県)

ㅂ

부젠국(豊前国)-후쿠오카현(福岡県) 동부와 오이타현(大分県) 북부

부젠국 시모츠케군(豊前国下毛郡)-오이타현 나카츠시(大分県中津市)

분고국(豊後国)-오이타현(大分県) 대부분 지역

비젠국(備前国)-오카야마현(岡山県) 동남부, 가가와현(香川県) 일부 도서지방과 효고현 아
　　코우시(兵庫県赤穂市) 일부 지역

비파호(琵琶湖)-시가현(滋賀県)에 있는 일본 최대의 호수

빈고국(備後国)-히로시마현(広島県) 동부 지역

빗츄국(備中国)-오카야마현(岡山県) 서부 지역

ㅅ

사라기(蛇穴)-나라현 고세시 오아자 사라기(奈良県御所市大字蛇穴)

사비(佐糜)-히가시사비 · 니시사비(御所市東佐味 · 西佐味)

사사키(佐々木)-시가현 오미하치만시 아즈치죠(滋賀県近江八幡市安土町)

사츠마국(薩摩国)-가고시마현(鹿児島県)

사쿠라지마(桜島)-가고시마현 가고시마시(鹿児島県鹿児島市)

사타케 씨(佐竹氏)-옛 히타치국 구지군 사타케 마을(常陸国久慈郡佐竹郷) 출신.현재 이바라
　　키현 오타시 이나기죠(茨城県常陸太田市稲木町) 주변

산요 지방(山陽道)-하리마국(播磨国), 미마사국(美作国), 비젠국(備前国), 빗츄국(備中国), 빈
　　고국(備後国), 아키국(安芸国), 스오국(周防国), 나가토국(長門国) 등의 지역을 말함

삽라군-경남 양산시

삽량주-경남 양산시

삿죠토히-도쿠가와 막부에 맞선 서부 4개 지역. 지금의 가고시마현인 사츠마 번(薩摩
　　藩), 야마구치현의 죠슈 번(長州藩), 고치현인 도사 번(土佐藩), 나가사키현인 히젠
　　번(肥前藩)의 4개 번의 첫머리를 따서 발음한 것

세토나이해-야마구치현 시모노세키 해협부터 오사카, 와카야마현까지 450여 킬로미
　　터에 이르는 일본의 내해(内海)

셋츠국(摂津国)-오사카후(大阪府) 북중부와 효고현(兵庫県)

소마야마 마을(杣山村)-난죠군 미나미에치젠쵸 소마야마(南条郡南越前町杣山)

스미요시(住吉)-오사카후 오사카시 스미요시쿠(大阪府大阪市住吉区)

시가군(滋賀郡 혹은 志賀郡)-시가현 오츠시(滋賀県大津市)와 다카시마시(高島市) 일부

시가쵸(志賀町)-시가현 오츠시 기타코마츠(滋賀県大津市北小松)

시라쿠니 마을(新羅訓村)-효고현 히메지시 시라쿠니(兵庫県姫路市白国)

시라키강(白鬼川 혹은 叔羅川)-시라키는 신라를 뜻한다. 현 후쿠이현 사바에시(福井県鯖江市)의 히노강(日野川)

시모가모 신사(下鴨神社)-교토시 사쿄구 시모가모(京都市左京区下鴨)

시모츠케군(下毛郡)-오이타현 나카츠시(大分県中津市)

시모후사국(下総国)-치바현(千葉県) 북부와 이바라키현(茨城県) 서부 지역

신라선신당-시가현 오츠시 원성사(滋賀県大津市 園城寺)

ㅇ

아나토(穴戸)-야마구치현 나가토시(山口県長門市)

아사즈마 와키가미(朝妻掖上)-나라현 고세시 아사즈마(奈良県御所市朝妻)

아즈마노쿠니(東国)-관동 지방을 참고

야마시로국(山城国)-교토후(京都府) 남부 지역

야마토국(大和国)-나라현(奈良県)

에치군(愛知郡)-시가현 에치군(滋賀県愛知郡)

에치젠국(越前市)-후쿠이현(福井県)

오모토산(御許山)-오이타현 우사시(大分県宇佐市). 마키미네(馬城嶺)라고도 함

오시미(忍海)-나라현 가츠라기시 오시미(奈良県葛城市忍海)

오우미국 오츠(近江国大津)-시가현 오츠시(滋賀県大津市)

오츠쿄(大津京)-시가현 오츠시 미코가오카(滋賀県大津市皇子が丘)

가야의 하타 씨와 일본의 겐지 무사

오토모 마을(大友郷)-시가현 오츠시 사카모토(滋賀県大津市坂本) 부근

오토코야마 이와시미즈 하치만궁(京都男山石清水八幡宮)-교토후 야와타시(京都府八幡市)

와니이케(丸邇池)-오사카후 돈다바야시 아와가이케쵸(大阪府富田林市粟ヶ池町) 부근 추정

와카사국(若狭国)-후쿠이현(福井県)에서 츠루가시(敦賀市)를 뺀 지역

와키가미(掖上)-나라현 고세시 오아자 가시와라(奈良県御所市大字柏原)

요시노(吉野)-나라현 요시노군(奈良県吉野郡)

우사(宇佐)-오이타현 우사시(大分県宇佐市)

우즈마사(太秦)-교토후 교토시 우쿄구 우즈마사(京都府京都市右京区太秦)

이나강(猪名川)-효고현 가와니시시 이나가와쵸(兵庫県川西市猪名川町)

이나리 대사(稲荷大社)-교토시 후시미구 후카쿠사(京都市伏見区深草)

이모노시쵸(鋳物師町)-효고현 히메지시 쿄구치마치(兵庫県姫路市京口町)

이미노미야 신사(忌宮神社)-야마구치현 시모노세키시(山口県 下関市)

이보군(揖保郡)-효고현 이보군(兵庫県揖保郡)

이세국(伊勢国)-지금의 미에현(三重県)

이즈(伊豆)-시즈오카현 이즈시(静岡伊豆市)

이즈모국(出雲国)-시마네현(島根県) 동부 지역

이츠미 씨(逸見氏)-옛 가이국 고마군 이츠미 마을(甲斐国巨摩郡郷) 출신. 현재 야마나시현
　　호쿠토시(山梨県北杜市)

ス

죠슈 번(長州藩)-야마구치현(山口県)

지누노아가타 스에무라(茅淳県陶邑)-오사카후 사카이시, 이즈미시, 기시와다시, 오자키
　　사야마 부근(大阪府 堺市, 和泉市, 岸和田市, 大崎狭山市)

츠루가 만(敦賀湾)-후쿠이현 츠루가시(福井県敦賀市)

츠츠미 거리(堤通)-동경도 스미다구 츠츠미도오리(東京都墨田区堤通り)

치쿠시(筑紫)-후쿠오카현 치쿠노시(筑紫野市)·가스카시(春日市)·오노죠시(大野城市)·다
자이후시(太宰府市)·나카가와시(那珂川市)와 후쿠오카시(福岡市)의 일부 지역

치쿠젠국(筑前国)-후쿠오카현(福岡県) 대부분 지역

치쿠죠군(築上郡)-후쿠오카현 치쿠죠군(福岡県築上郡)

타다노쇼(多田荘)-효고현 가와니시시 다타인(兵庫県川西市多田院)

타다인(多田院)-효고현 가와니시시 타다인(兵庫県川西市多田院)

하리마국(播磨国)-효고현(兵庫県) 남서부 지역

하야토(隼人)-가고시마현의 원주민

하치만 신사(八幡神社)-오이타현 우사시 하치만 궁(大分県宇佐市八幡宮)

하타노 성터(波多野城跡)-가나가와현 하타노시 데라야마(神奈川県秦野市寺山)

하타쇼(秦荘)-시가현 에치군 아이쇼죠(滋賀県愛知郡愛荘町)

하코네 관소(箱根関所)-가나가와현 아시가라시모군 하코네마치(神奈川県足柄下郡箱根町)

헤이안쿄(平安京)-교토후 교토시(京都府京都市)

후루이치(古市)-오사카후 하비키노시(大阪府羽曳野市)

휴가국(日向国)-미야자키현(宮崎県)

히라카다 마을(枚方里)-① 오사카시 히라카타시(大阪市枚方市), ② 효고현 이보군 다이시
죠(兵庫県揖保郡太子町)

히우치 성(燧ヶ城)–후쿠이현 남죠군 미나미 에치젠쵸 이마죠(福井県南条郡南越前町今庄). 현 이마죠 역(今庄駅) 부근

히젠 번(肥前藩)–사가현(佐賀県)과 나가사키현(長崎県) 일부 지역

가야의 하타 씨와
일본의 겐지 무사

초판인쇄 2024년 6월 28일
초판발행 2024년 6월 28일

지은이 최경진
펴낸이 채종준
펴낸곳 한국학술정보(주)
주 소 경기도 파주시 회동길 230(문발동)
전 화 031-908-3181(대표)
팩 스 031-908-3189
홈페이지 http://ebook.kstudy.com
E-mail 출판사업부 publish@kstudy.com
등 록 제일산-115호(2000. 6. 19)

ISBN 979-11-7217-425-5 03910